Global Angle スペイン：バルセロナ

# イメージの拡がりを育てる アートと共に暮らす街

PHOTO & 文：渡邉嘉子

世界遺産のサグラダ・ファミリアは、スペイン第2の都市バルセロナを代表するカトリックの教会。カタロニア・モダニズムの代表的な建築家、ガウディの未完成の建築作品として知られ、信者の寄進によってつくり続けられ2026年に完成すると発表されている。初めてこのサグラダ・ファミリアを訪れた人は、その壮大さと共に創造のエネルギー溢れるデザインと彫刻群に圧倒される。教会の足元の亀や緑の葉から這い出した虫の彫刻には、仏教の世界観も包含し、地球環境を守り愛する造形美が街に溶け込み人類を導いているかの様だ。

▲病棟の室内は美しいタイルが使用され、心和ませる優しいデザインが息づいていた。

▲サン・パウ病院からサグラダ・ファミリアを望む風景。
この病院はムンタネーの建築作品。

▼地上は天国のような、アールヌーヴォー様式の建築物が広場を取り囲み、人生の最後に与えられる風景なのだと感動させられる。しかも病棟や施設は地下でつながる機能性をも有していた。

▲カタルーニャ音楽堂は、アールヌーヴォー様式の建築家ムンタネーの作品としてサン・パウ病院とともに世界遺産になっている。人生に喜びと感動を与えるイメージに溢れた空間だ。

▼天井のステンドグラスは、光の効果によって感動が幾重にも拡がってくる。

▼宇宙を感じさせる柱のデザインは美しいタイルによって装飾されている。

▲バルセロナは移民も多く、様々な地域の人々が集まる街。様々な地域の人々によるお祭りが常に企画され目を楽しませてくれる。
アイデアフルな表現の機会がとても多い街なのだ。

▼お祭りの道路上にいくつも机が出され、高齢女性たちの手芸グループが、作品作りのパフォーマンスを行っていた。
素晴らしいレースが編み出されている情景から、作品を創る女性たちの爽やかな誇りが伝わってきた。

▲カラフルな回廊と美しく手入れされた中庭があるのは小学校だ。小学校時代から建物や庭の美しさを実感できる環境を提供しているのは、さすが世界遺産の建築作品を持つバルセロナの小学校! 食堂やスポーツ競技のスペースもカラフルで、観覧できる階段も設けられ建物全体が視覚的感性を育てる場になっていた。

▼食べ物をどんなスタイルで提供するのか? 自然からの恵みを色や配置を考え美的センスで提供されると食事がさらに楽しくなる。

フランスからの報告

# 60年で「女は金を管理できない生き物」から「女性が働きやすい国・世界5位」に

**3月に発表された「女性が働きやすい国ランキング」で、フランスは先進29カ国中5位（日本は27位）。しかし当の女性達は「そんなはずはない」「まだ改善の余地がありすぎる」とまったく納得していない。それでもフルタイム就労平均労働時間でフランスは男性も北欧諸国に続く41.6時間（日本は52.9時間）で6位。今後もさらに短くなる予定で、そういうことも職場&家庭での「女性の働きやすさ」と確実に連動しているはずだ。**

◀2000年に制定された「パリテ法」により、今や内閣大臣数も男女同数になっているフランス。逆に医学部などでは女子学生数が66%を超え、将来の医師・男女アンバランス懸念から医学部進学へのパリテ導入も検討されている。

**祐天寺りえ**（Rie YUTENJI）　プロフィール：1964年横浜生まれ。1994年フランスのスキー場に移住。著書に『フランスだったら産めると思った』（原書房）、『フランスの田舎暮らしとおいしい子育て』（小学館）、『食いしん坊の旅』（パラダイム出版）

## フランスにも所得制限や男女格差はある しかしその処し方は日本とは大きく異なる

「ガラスの天井」や「103万円の壁」など、問題や障害を「天井」や「壁」に形容して論じることが多いアメリカや日本。とりわけ日本のメディアは「言葉の壁」「性別の壁」「年代の壁」など「壁」好きだ。

言葉は人の意識や関心を変える。あまりにも目や耳にしているせいで、いつの間にか私達日本人には「壁」を見上げる癖がついていないだろうか?

一方、フランスのメディアがよく使うのは「後退」や「悪循環」。進行や回転の方向を国民に意識させる表現だ。

「溜まり水は濁りやすく腐りやすい。同様に、社会や経済も止めれば、衰退&後退への負のスパイラルやループを起こし始める」。

そう考えるフランスは、停滞や後ろ向きを怖れ、「とりあえず動く」「動きながら考え、検討する」「じっくりより、即座に」を好む傾向がとても強い。コロナ禍にいち早くロックダウンをし、いち早く解除をしたのも、そのあらわれ。

壁や天井となる所得制限や男女格差の問題はフランスにもあり、常に議論されてもいる。

ただ、それらを立ち止まって深掘りするメディアはいない。

もたついていることも多々あるが、クローズアップしすぎて国民の意識が1箇所に留まりすぎることを恐れる。

壁や天井を見上げれば、人はその高さに途方に暮れて立ち止まる。それを防ぐためにも、問題は槍で突きつつ、ページは次々にめくり「他にもこんなに問題は山積みだ」と国民の関心を動かし続ける。

そういう「煽り」こそが役目、というのが政府やメディアの自負だからだ。

そんなことをしていても、回し車の中のハムスターと同じで前進はしないのかもしれない。しかし止めない限り、最低限、逆回転だけはしないから、止められない。

つまり待ち構えるのではなく「動き続けることで、せめて後退、衰退はさせない」という防御法。

● 男女別就労人口の推移（1960 - 2016）

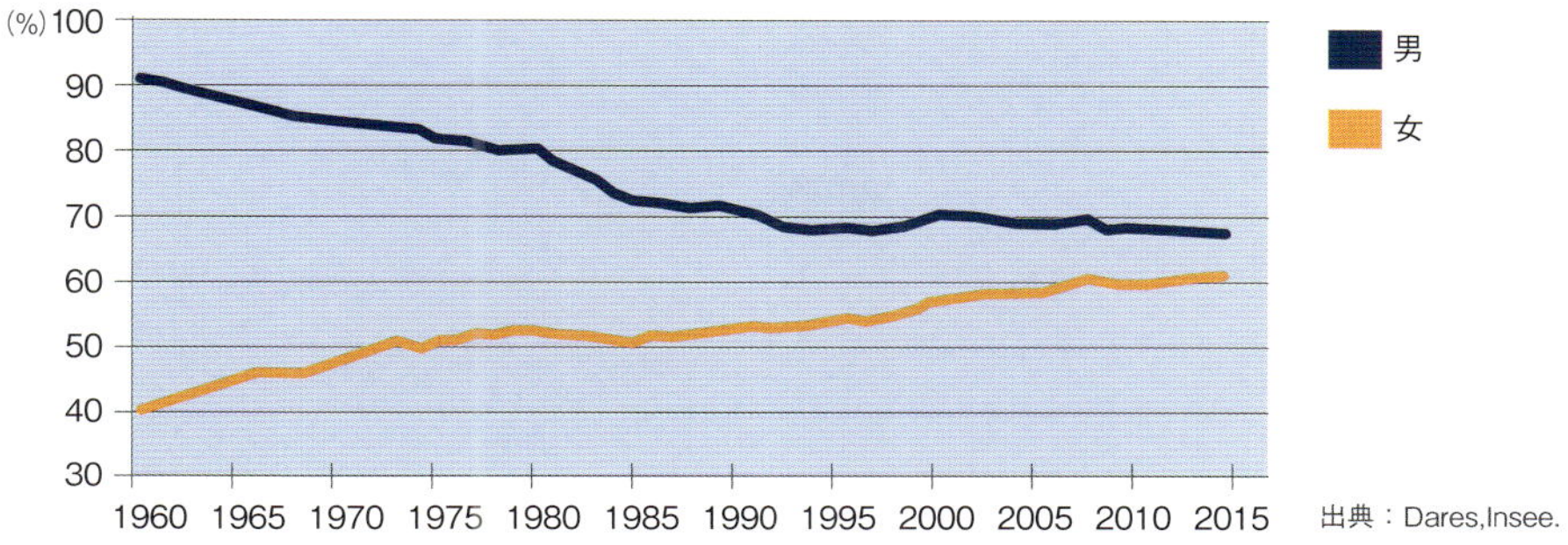


出典：Dares,Insee.

常に攻めの姿勢で強気に見えるフランスだが、回し車を漕ぎ続けるために上も横も見ずに前だけを見ている。それが果敢に見えるだけ。

実際には攻めるどころではない。止まることを防ぐだけで精一杯。走り続けているハムスターと同じなのだ。

では、そのフランスがどのように回し車を回してきたのか、回しているのか。

今回は特に「お金」。なかでも日本でここしばらく論じられてきた「壁」の1つ。所得税制度に焦点を当て、日本との回し方の違いを見てみよう。

# お金こそが必須の武器だった 手にした途端、女性は強くなれた

## フランス女性もかつては虐げられていた

今や「専業主婦」は死語となっているほど、女性の就業率が高いフランス。フランスの共働き世帯の割合は90%超。対する日本は、ここ30年で共働き世帯が専業主婦世帯の2・5倍になったとはいえ、71・0%（2023年労働力調査）。

しかしフランス女性が自分名義の銀行口座を持てたのは1965年からのこと。日本で東京オリンピックが開催されていた頃、まだ彼女達は自分の収入を自由に使えていなかったことになる。

しかも1966年までは、既婚女性は夫の合意書なしに働くことすらできずにいた。

そんな彼女達が立ち上がり、闘う勇気を持つために必要だった一番の武器は、やはり「お金」だった。

## ナポレオンは女性の敵?! 男尊女卑を定着させた張本人

世界史では英雄的に描かれることも多いナポレオン・ボナパルトだが、フランスのフェミニスト界では「男尊女卑社会の元凶」。

日本の六法全書の手本にもされた世界初の近代法典「ナポレオン民法」にも「妻の無能力＆夫への従属」が明記され、1804年の施行以来、フランスでは女性蔑視が社会に強く深く浸透＆定着した※1。

驚きなのは、その民法による「妻は夫の許可なく財産を所持してはいけない」が1965年まで160年以上も厳守されたことだ。

そのため現在80代の女性達には、1965年のことを如実に語ってくれる人が、私が暮らしている小さな村などにも大勢いる。

彼女達にとっては夢に抱いたことも想像したこともなかった激変が起き、自分の人生も180度反転した今も忘れられないことだという。

## 仏：女は金を管理できない生き物 日：男が働き、女が家系を管理

1965年7月13日。夏休みに入ったばかりのパリの街は閑散とし、国会に出席する議員の数もいつもより格段に少なかった。

敢えてそれを狙い、フェミニスト系男女議員達は全員出席。

「既婚女性が給料を受け取る自分名義の銀行口座を持ち、自

### 〈 既婚女性の権利を奪っていたナポレオン民法の一部 〉

*高校や大学教育を受けてはならない
*夫の同伴や許可証なく契約を交わしたり財産を管理してはならない
*参政の権利はない
*夫の許可なしに働いてはいけない
*働いた賃金を自分で受け取ってはならない
*すべての人間関係において、夫がその主導権を持つ
*夫の許可なしに外国（祖国でも）へ旅行してはならない
*婚外交渉は重い罰を受ける
*私生児には何の権利も与えない
*結婚の義務は服従すべきものである（夫婦間に強姦は存在しない。すなわち性行為も夫に服従）
*女性と子どもは男性の所有物である。したがって、男性は自分が良しと思うことをすることができる
*司法的権利を持たない者は「未成年者」「既婚女性」「犯罪者」「精神異常者」である
*離婚は禁止

※1 日本でも民法第14条（1898年施行）のもと、妻は「無能力者」としての扱いであり預金取引の際には夫の同意か許可が必要だった。1947年の新憲法施行で14条は全面的に削除され、夫の同意は不要になった。

分の財産を自分で管理できる新立法」を国民議会で通過させた。

アメリカのウーマンリブとは違い、音を立てない静けさで、しかも当日まで秘密裏に準備。あまりに神妙に行われたこともあり、当時、欠席した議員だけではなくメディアすらも「小さな法案が通っただけ」程度に聞き流し、それがその後、大きな社会改革につながるとは思いもしなかった。

しかしその日こそがフランス・フェミニズムの初日。「初めの一歩」となった。

同じ頃（1961年）、日本では配偶者控除制度がスタート。

「内助の功」が讃えられ、専業主婦を保護。「男が稼ぎ、妻が家計を管理」する風潮も広まったため、一見すると女性の地位低下には映らない「穏やかな男女格差社会」の幕があがっていた。

つまり専業主婦が増えた日本と、共働きが急増したフランス。まさにY字状の岐路を、日本は右、フランスは左へと歩み始めたのが1960年代だった。

そのフランスが選んだ左の道について書く前に、念のため日本のことも復習しておこうと資料を検索してみたところ、私の思い込みによる間違いが見つかった。日本の皆さんはご存知だろうか。

### 専業主婦のためのものではなかった「配偶者控除制度」

配偶者控除制度が施行された1961年。高度成長期の真っ只中だった日本では、都市郊外に団地や住宅地を続々と建設。そこに会社員が夜寝るためにだけ帰ることから、英語のベッドとタウンを合わせた新語「ベッドタウン」も誕生。「都心で働く会社員の夫&郊外で家事・育児する専業主婦の妻」という形での男女分業が標準化した。

配偶者控除制度は、そんな時代

## 日・仏、改革はいつも同時期 ただ歩む道が左右別方向だった

配偶者控除制度で「専業主婦が増えた」日本と、新法案で「共働きが一般化した」フランス。

60年代に、Y字路を左右まったく別方向に進んだ2国だったが、80年代には、ほぼ同時期に男女平等推進のための新法

仏：男女職業平等法（1983）
日：男女雇用機会均等法（1985）

を施行している。

に生まれ、即していたので「男性が仕事に専念しやすいよう、家事育児を全て任せられる専業主婦を増やすための、男社会や政界に好都合なマッチョ（男性優位）制度」と私は思い込んでいた。

ところがそうではなく、しかも専業主婦の立場を守るための発案でもなかった。しかもターゲットもサラリーマン家庭ではなく、当時、人口に占める割合が大きかった農業・自営業者達。いわゆる「夫の家業を妻が手伝い収入を得ている家庭」が助かる減税策で多くの票を獲得するために、自民党が考案した「票集め狙い」制度だったのだ。

つまり日本は専業主婦の立場を尊重&保護しつつ、80年代からは女性が働くことも推奨。

「専業主婦という選択肢はなく、女性は皆、働くべし」というフランスよりも、多様性を目指したことになる。

しかし、それが思うようにいかなかったということは、今の日仏のジェンダーギャップ指数の差に明確に顕れている（146カ国中フランス22位、日本118位／2024年）。

なぜ日本はうまくいかなかったのか。というより、なぜ1964年東京オリンピックの頃まで自分名義の通帳すら持てずにいたフランス女性達は、ここまで急速に階段を駆け昇れたのか。

やはり60年代のY字路の左右が大きな分かれ目だったのか。だとしたら、フランスが歩んだ左はどんな道だったのか。

### 仏：世帯単位課税 日：個人単位課税

一時期、日本で少子化対策を論じる際、盛んに目や耳にしたのがフランスの税制度。「子どもの数により低税率になるため、子どもを産んだ方が得という社会思想が生まれやすい」というN分N乗方式だった。

それより「世帯単位課税」（日本は個人単位課税）が大きな違いだと思うのだが、そこにはあまり着目されなかったのはなぜなのだろう。

フランスでは独身、子どもなしのカップル、子どもがいるカップル、いずれの場合も世帯ごとに課税。つまり家族の所得合計に課税がされる。

子どもがいないカップルの場合、2人分の所得の合算で課税。子ども

※2　PACS=Pacte Civil de Solidaritéの略。性別に関係なく、成年に達した二人の個人の間で、安定した持続的共同生活を営むために交わされる契約のこと。1999年11月15日にフランスで民法改正によって施行された。

● 未婚率（日本） 2020年国勢調査より

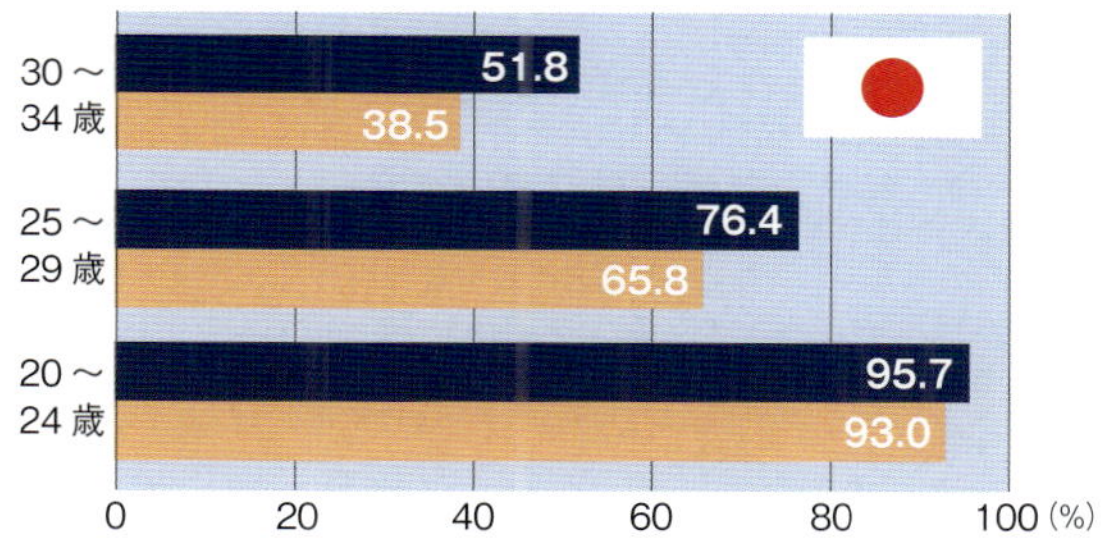


● 未婚率（フランス） 2023年 injep.fr より

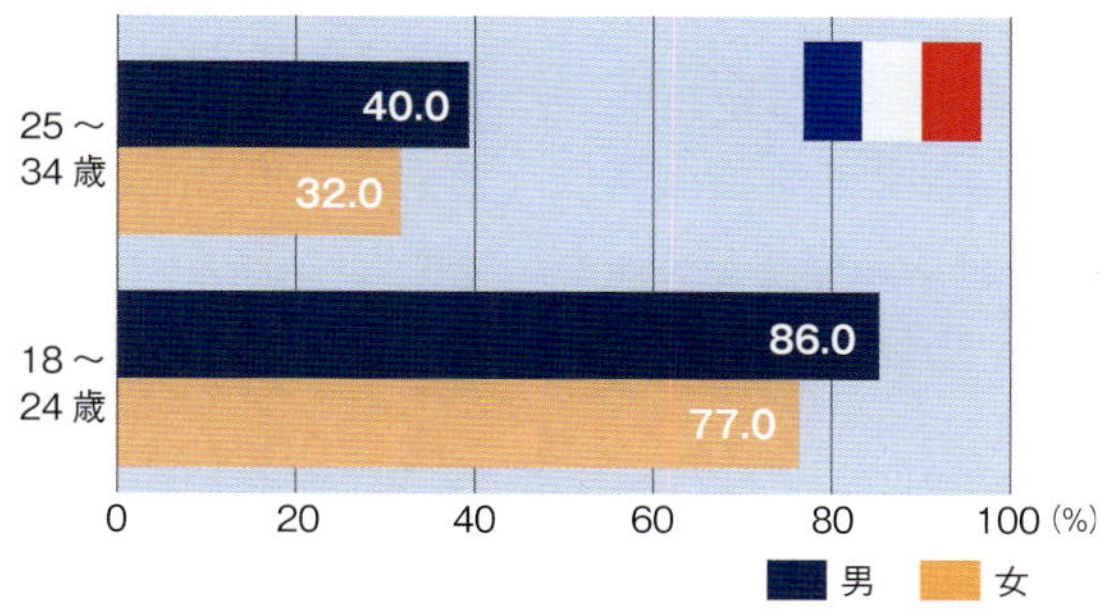


◀先進国の類にもれず「1人の方が気楽」「自由を失いたくない」など若者の独身志望はフランスでも増加傾向。懸念の種になっているが、まだ日本に比べれば低い。愛からではなく、税制度や金銭感覚によりカップル率は辛うじて維持。「愛の国」イメージも崩れずに済んでいるという評価も多い。としたら日本政府や行政も婚活アプリなどより「カップルにお得な税制改革」を試みてもいいのかもしれない。

控除はないため、独身の時より税負担が増えることもある。

しかし、だから損かといえば必ずしもそうではなく、2人の職業や申請内容によっては別の控除が発生したりもする。

そのため同棲のままでいるのと、カップル申請するのと「どちらが得か」を計算し尽くした上で、結婚やPACS※2に踏み切ることも多い。

またカップルの収入に格差がある場合、高収入者は相手の低収入と合算。単なる同棲関係（つまり独身）でいるよりも減税になるから、とPACS申請することも多々。

逆に子どもがいても「お得でないから」と戸籍上は独身同士で子どもを育てる家族もいたりする。

「愛の国」イメージが強いフランスだが「愛を語りつつ金勘定も忘れない」非情なほどしっかり者で現実主義者が多い国でもある。

要は、結婚やPACSなども税制上「お得かどうか」によりけり。この「世帯単位課税」も婚姻率や出生率を左右するため、政府は常に微調整が必須。

日本の「103万円の壁」の金額が1995年来変わっていないことは、フランスではあり得ないと、驚かれてもいる。

## 「妻が働かないのはもったいない」男性の意識も大きく変化

1966年以降、フランスでは女性の就業率が爆発的に増加。共働き家庭が一般的になった途端、まるで急に目が覚めたように

「考えてみたら世帯単位課税。自分1人で家族を養ってきた分を2人で稼げばいい。つまり仕事を減らせて楽ができる?」

と多くの男性が考え始めた。

資本主義経済の日米のように

「ダブルインカムで収入倍増。リッチな暮らしができる!」

とはならないところが面白いが、とにかく

「今までより自分の肩の荷が軽くなるのならば共働き大賛成!」

「君の奥さん、働いていない? なぜ? もったいないじゃないか」

そんなことを言うようになった。

その分、家事や育児もしなければいけないということには目覚めなかったり、やり方がわからないからとやらない男達も多く、一時期は離婚も激増。

「女性の社会進出のせいだ」

とカトリック界からは批判されたが、政府もメディアもそれらの音声はわざと低くし

「夫の教育は子育てより大変。でもそれをしている暇などない」

という女達の声をボリュームアップ。

男性も家事や育児をするのが当たり前の風潮や制度づくりに尽力し、「保育制度の拡充」「労働時間の短縮」など「子どもがいる共働き家庭が標準」の社会づくりに突き進んだ。

おかげで「マッチョな夫&急に働き始めた妻」というアンバランス家庭が大半となった過渡期の次には、共働きに奮闘する両親を見ながら育った次世代が、それを反面教師にし、「共働きだから、夫婦も子どもも慌ただしく大変」ではなく、「共働きだからそれぞれの荷は軽く、体力、時間、精神に余裕を持って暮らせる」を望み、そのための制度を国に求めるようになっていった。

そして2000年を迎える頃には「専業主婦」は死語となるほど共働きが9割を超える社会に到達。2002年には男女ともに週35時間労働制が法的に規定された※3。

## 長女の時より次女&長男時代「より良く」は今も続いている

2000年前後の社会の変貌ぶりは、実際に私も目にし、肌で感じた。

まず長女（1994年生）の同級生の親達は既に9割が共働きだった。しかしそれこそ女性ばかりが髪を振り乱し右往左往。結果「離婚が珍しくない」ご時世となった。

それが1999年と2000年生まれの次女&長男の頃になると「女性の指示で男性が動く」家庭が大半。「子どもの送り迎えや買い出しなど体力ワークはパパに任せ、交流や意見交換、口出しはしたいので、懇談会などに行くのはママの役目」など、どちらかというと女性に都合良い分業スタイルが増え、そのせいか子育て中の離婚は明らかに減少。

そして、今の30〜40代家庭はまさにジェンダー・フリー。

男女という性別ではなく、性格や得意不得意による分業家庭が多い。「家族や夫婦、親はこうあるべし」的な画一感も薄く、その分、家ごとの色合いや個性も出ていて自由。

下校時、校門に立っている迎えの親は男女ほぼ半々。両親一緒のことも多く、私の子育て時代にはなかった「ゆとり」ぶりだ。それでもまだ不満や改善の余地は溢れていて、放置すれば少子化は進むと政府は常に脅されている。

※3 当人の希望で超過勤務も認められており、管理職、自由業（弁護士・医師など）もこの法規定の範囲内ではない。

● 女性の労働時間日仏比較

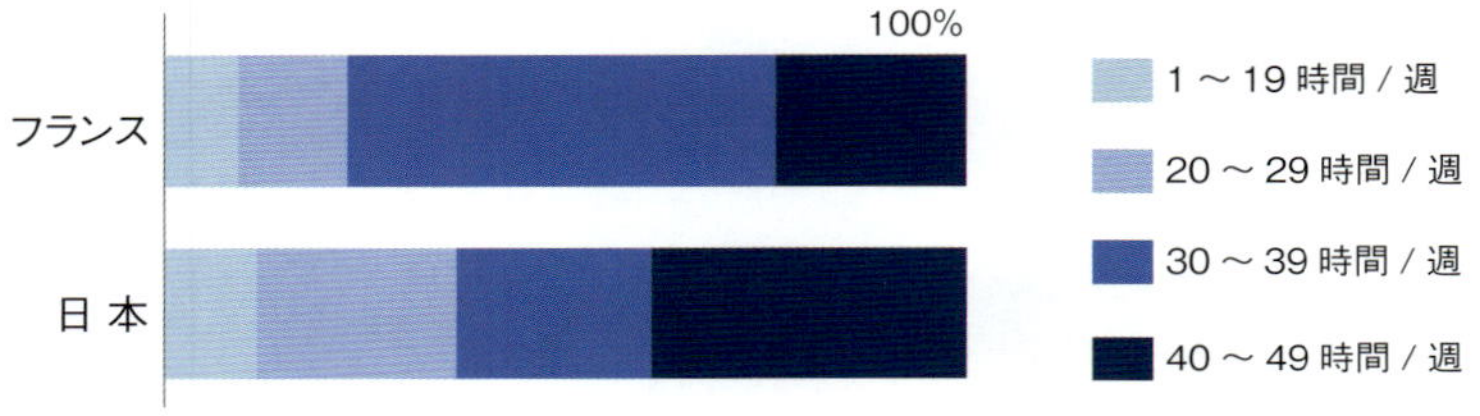


出典：businessinsider.com

◀「全ての女性が働く」は必ずしも「全ての女性が常にフルタイムで働く」ことではない。専業主婦には年金のないフランスでは「いかなる女性も専業主婦にはさせない」を基本にし「少しの時間でも、どんな仕事であれ、とにかく働くことを続ける」ことを奨励する社会を構築した。つまり、どんなに短時間勤務でも「パートタイマーの主婦」ではなく「自分の年金をもらえる働く女性」扱い。またキャリアを中断させたり諦めさせないことも重視。例えば私が勤務する小学校の教員も、子ども2人が中学生になるまでは15年間、週3日のみの勤務(彼女の不在日は教育委員会からの派遣教師が代わりに勤務)。それでも正規教員。しかもずっと高学年クラスを担任できる社会、それがフランスだ。

## Y字路の左の道と右の道。大きな違いは分断による邪魔な小石や瓦礫の有無？

ところで「フランスの女性解放運動」というと、まずは1968年5月革命が語られることが多いが、実際には

「革命の運営も石を投げるのも男。女は会合で発言せず、あまりに無力だった」

「その自分達の無力さに気づけたことに革命の意義はあった。でもこの渦に呑まれる必要はない。すぐにそこから脱し、私達は一致団結。女性の問題のみに集中して立ち向かうべき」

と、中心活動家だったフーク※5は『Génération MLF』に記し、即座にあらゆる分野、世代、立場の女性を集め、意見交換を始めた。

そして、なにより

「女性内での分断こそが革命のブレーキになる。まずは女性が一丸となること」

「お金の次に最強で必須の武器は、団結！」

と唱え続けた。

専業主婦という選択肢がなく、専業主婦には年金もない※4。全ての女性は働かなければならない。一見「多様性に欠けるし、手厳しすぎるのではないか？」とも思えるフランスだが、

「どんな状況でも、どんな人も、専業主婦にさせないことで、全女性がアイデンティティ（存在証明。自己価値）を持ち、女性の分断化を起こさせない社会づくり」を目指し徹底したフークは、結果的には正しかった。

おかげで男性の分断も起こらなかったからだ。

男性の大半が職場でも家庭でも働く女性との折り合いと奮闘することになれば、男性間での対立や摩擦、仕事上での小さな不満やストレスの蓄積も少なく済む。

男女ともに分断しなければ、すなわち社会全体も分断しない。

また、フランスでは大統領も大臣達もほぼ全員が共働き。背広やワイシャツのクリーニング手配を妻任せにできる大臣はいない。そういうことも短時間就労制度や保育制度の拡充といった政策スピードをあげた。

なにより見習いたいのは、フークの「分断はブレーキになる」、この注意喚起が、今もフランスの全女性、若者にまで浸透し続けていることだ。

協調性などなく、時に怖ろしいほど嫉妬深く意地悪な面も見せるフランス女性達だが、こと女性の環境や状況尊重に関しては、それらを少しでも低めるような余計な発言は一切しない。

つい軽率な言動をしがちな私などは、常に肝に銘じておかなければいけないほど、彼女達の「ぬかりなさ」は完璧だ。

分断しないことで、小石や瓦礫が少なく、走りやすい。それがY字路の左の道。

つまり私達日本女性も、今からでも諦めず、一致団結、小石や瓦礫を取り除けばいい。

例えば「専業主婦が年金をもらえるのはずるい」などという考えは根絶しよう。そして政府は現専業主婦までは年金を保証。減額や縮小も阻止する一方で、現学生からは「男女ともに全てが働く」ことを徹底。「共働きが標準」の社会整備に政府は方針を一本化し尽力する。

そんな単純なものではないと叱られるだろうが、単純（シンプル）さこそが「一丸」や「一本化」に繋がる。それが日本の歩む右の道を平坦にする道具になるはずだ。

また、「分断」と「壁」は似たようなもの。「103万円の壁」など「壁」設定への議論で、政府やメディアは、自ら社会の分断を推し進めているようにも見える。

サッカーワールドカップでの日本代表のチームワークが賞賛されるように、〝チームワーク〟は日本のお家芸。フランスでも、さまざまな面で称賛され手本にされる。

つまり「共に」や「一丸となって」が得意な私達は、意識さえ変えれば、その威力を発揮。瞬く間に社会も変えられるのかもしれない

そのためにも、まずは政府やメディアが「壁」の多用を辞め、国民に壁を意識させない。そんなことでも、右の道は今より少し歩きやすくなるような気がする。

…………

次号では、日本と同様に長寿国フランスの、高額医療費制度や介護制度、年金制度などについて報告します。

※4　夫の死亡年金制度はある。しかも離婚や再婚の場合は、元伴侶と現伴侶とで分け合う複雑な制度でもある。

※5　アントワネット・フーク(1936-2014)　精神分析家。1968-70年にできた「女性解放運動MLF」の活動家。

# EUの頭脳としてのマクロン大統領の動きに注目していこう！

**トランプ流の自国第一主義、関税＆ディール外交が吹き荒れる中で、人権・ジェンダー平等、地球環境保全、戦争の抑止に、良識を持って取り組む人類の活動をどう守り進めていくか？日本を含めた自由主義諸国の手腕が問われている。**

ジャーナリスト
**伴野文夫さん**
元NHK国際経済担当解説委員。

## マクロン大統領は24日、3人目の首相指名を行った

今回首相に指名されたフランソア・バイユは、2017年のマクロン初当選のさい、ともに共和国政治を掲げた民主同盟との連合で大勝利を治めた仲間だ。かつて大統領に立候補した経歴もある。

もう一度過半数獲得の決戦に挑む体制に見えるが、発表された閣僚をみると、メランションの新左翼NFGのなかから独自性を認められることになった社会党と、ルペンの国民連合RN（※②）の候補も名を連ねている。この協定書無しの連合体制は、マクロンが国民的な指導体制を拡大することによって、いよいよ直接対決に切り替え、強硬なメランションを孤立化させることによって、過半数への議席差（20～40か）解消を最終的に目指すものである。これが実現しなければ、バルニエ首相が期限なしの暫定首相をつとめることになる。

手詰まり状態ではあるが、マクロン大統領は、何人首相が替わっても2027年までの任期は全うすると宣言。12月7日に行われたノートルダム大聖堂の再建記念式典に新大統領予定者トランプを招待し、食事つきの会談を行った。

前回8年前は、軍事パレードが大好きというトランプ大統領候補を7月14日のフランス革命記念日の軍事パレードに招待して、食事をしながら会談し、環境問題を軽視し、アメリカ・ファーストを唱えて世界秩序を乱す行為を真っ向から批判して喰い下がった。今回もCOPへの復帰とウクライナ戦争の停止を強く求めたことは間違いない。

8年前には返礼に、マクロン大統領は上下両院合同協議会に国賓待遇で招かれ、ここでもトランプの世界秩序破壊行為を厳しく攻撃するスピーチを行った。民主党議員が過半数を占めた協議会で、スタンディング・オベーションを受けていたが、壇上で親子ほど歳の違う二人は抱き合う姿は印象的だった。

不安視されたマクロン体制下でのバルデラ首相当選という悪夢は、国民議会選挙の決選投票で、魔法の霧をかけられたかのように消え去った。メランションのFI（※①）からの独自性を認められることとなった社会党から、新政府スポークスマンという要職に指名されたのは、欧州議会選挙でNFG新左翼グループの代表となったアルテュール・デアポルトである。またRNからはオアーズ県のRN代表のフィリップ・バラールが指名され、RNは失った失地をいくらか回復した。

マクロン体制下でのバルデラ首相当選の脅威は消え去ったが、今回の閣僚指名でルペンの失地はいくらか回復されたようだ。

ところで、トランプ予算とイーロン・マスクの予算マイナス300億ドル（4兆円余）に注目する必要がある。マスクは多くの資金を必要とするウクライナで、300億ドルを超える予算削減を実施するという。すでにマスクは予算削減担当相の地位で、イランの国連代表と会談し、トランプの関税国家、アメリカ・ファーストとどう折り合いをつけていくのか注目される。

## これまでマクロン体制を支えてきたエリートは留任！

大統領候補であるダルマナンは地方相、マクロン政権成立以来のエリゼ宮総書記アレクシス・コラール、経済専門のブルーノ・ルメールは留任である。マクロン体制は、2017年の当初からいささかも揺らいでいない。メランション、ルペンと三スクミの状況のなかで、マクロンの知恵袋はいつも一歩リードのゆとりがある。

## さらなる注目点はマクロンの公約である男女同数の組閣

マクロン再選後年金支給開始問題で奮闘し、1年引き上げを実現したボルヌ元女性首相が復活し、きたるべき大統領選候補への可能性をつないだ。マクロンを激しく批判していたのに突然マクロン支持に転向して入閣したダチ文化相も留任した。女性候補の人材が少なかったせいなのか時間がかかり、閣僚数全体が36人に膨れ上がったという。

## シリアからロシア基地の全面撤退もありうる

アサド前大統領を引き取ったことで、中東でのロシアの影響力は激減した。このことはウクライナ戦争全般に大きな変化をもたらすかもしれない。イーロン・マスクの対ロ政策や対イラン政策に、トランプとうまく融合しない要素を持ち込むことにもなりそうだ。

トランプは8年前、イスラエルの首都をエルサレムに移転するなど強硬策を実施した。今回もネタニヤフ支援では、ハマス壊滅の手を緩めることはあるまい。さらに環境問題ではCOPからの脱退を貫くだろう。

しかし前回、トランプ盟友の情報官バノンを使って執拗に繰り返したEU破壊工作は、イギリス離脱工作の失敗でテーマに上っていない。今後はバノンの姿も見えてくるだろう。

2024年1月、フォンデアライエン委員長の体調不良が伝えられ、クリスチーヌ・ラガルドECB総裁との華麗な女王コンビに調整ということがあるとしても、確立されたEUのマクロン中道派体制への変化はないだろう。

（2025年1月15日執筆）

※①：La France insoumise：不服従のフランス。フランスの急進左翼政党。
※②：Rassemblement National：国民連合。フランスの保守ポピュリズム政党。

SPOT LIGHT

国立女性教育会館理事長

# 萩原なつ子さん *Special* インタビュー

# 時代変化に合わせた男女共同参画・ジェンダー平等のスピードアップをどう進めるか？

## 「理念法」を整え、総理を推進リーダーとする新たな挑戦が、始まろうとしている！

インタビュアー：本誌編集長　渡邉嘉子

**◆萩原なつ子さんプロフィール：**独立行政法人 国立女性教育会館 理事長。お茶の水女子大学大学院修了。博士（学術）。（財）トヨタ財団アソシエイト・プログラム・オフィサー、東横学園女子短期大学助教授、宮城県環境生活部次長、武蔵工業大学環境情報学部助教授、立教大学社会学部・立教大学21世紀社会デザイン研究科教授等を経て、現職。立教大学名誉教授。著書に「市民力による知の創造と発展」。2004年より日本NPOセンター常務理事、副代表理事を経て2018年より2024年6月まで代表理事。

埼玉県嵐山にある国立女性教育会館は、48年の歴史を持つ女性の学びとエンパワーメントをテーマとする国立の会館として、多彩な活動を行ってきた。宿泊施設やスポーツ施設を有し、四季の美しい変化を楽しめる広い庭園は訪れた女性たちにとって「心の元気を与えるふるさと」ともなってきた。ジェンダー研究の拠点として充実した資料館を有し、毎年全国からの学ぶ意欲の高い女性たちを対象としたシンポジウムやイベントが行われてきている。

しかし世界の女性活躍の進展は目覚ましく、日本のジェンダーギャップ指数は、先進国最低の118位の状況に低迷している。時代変化に合わせた、スピーディーな対策と新たな活動の展開が今、模索されている。

国立女性教育会館の今後について、理事長の萩原なつ子さんに、これからの方向と計画についてインタビューした。

**渡邉：**萩原なつ子さんは、令和4年度から館長に就任されています。それまでは環境社会学を研究テーマにしてこられましたが、そのテーマをお選びになったきっかけは何だったのでしょうか？

### 出発の原点は「水俣病」の公害問題
### 気づいた女性の声の重要性

**萩原：**私は1956年7月17日に生まれました。奇しくもその日発行された『経済白書』に有名な言葉「もはや戦後ではない」と書いてありました。生まれ育った山梨県も開発が進み、遊び場でもあった畑が宅地になったり、道が車のための道路に変わり、それによって交通事故が増えたり、排気ガスなどによる健康被害など様々な問題が起きました。日本中で公害問題が起き、水俣病を筆頭に、公害列島日本の様子がニュースで流れていました。日本が高度経済成長をする中で、「男は仕事、女は家庭」という性別役割分業の考え方も固定化していきます。

高度経済成長は確かに私たちに便利さや豊かさをもたらしましたが、一方でそういった負の側面も成長と共に見てきました。その中でも一番大きな影響を受けたのが水俣病でした。自分と同じ1956年7月に生まれた坂本しのぶさんという胎児性水俣病の方がおられ、その方が1972年にストックホルムで開催された国連人間環境会議に出席されたことにより、水俣病が世界に知られました。母親が水俣湾で採れたお魚を食べたことで、お腹にいる胎児に影響が出ると知ったことが、公害問題、そして環境問題へと関心を持つようになり、後に環境とジェンダーを研究テーマにするきっかけになったと思います。

大学進学のために1975年に東京に出てきた時、野菜とか果物が新鮮ではないことや、水が塩素臭かったりして、しっかりと食べたり、飲まなかったりしたことで、体調を崩しました。自分の体が壊れたことによって内なる自然と外なる自然の破壊の関連ということに自分事として関心を持ち始めました。そこで、有機農業や無添加の食べ物を作ったり、販売している人たちのところに勉強に行ったりして、「食」から環境問題に入っていきました。

そこで思い出されるのが胎児性水俣病です。生態系の破壊や食の安全・安心への関心とともに、環境と女性・ジェンダーを研究テーマにする原点だと思います。大学卒業後に3ヶ月だけ広告代理店に勤務していたのですが、当時はまだまだ大量生産、大量消費、大量廃棄が当たり前の時代で、CMも大量消費を煽るようなものばかりで「あれ、これおかしいじゃないか」と思ってました。退職後、夫の書棚に環境に関する雑誌を見つけ、海外の環境問題の取組みも知りました。「エコロジーって何?」から始まりました。当時、日本ではまだ「エコロジー」は今のように関心を持たれていなかったので、いろいろ勉強しました。

その過程で、19世紀後半に、人々が環境と調和して生きる知識を身につけるための科学、エコロジーを創始した、エレン・スワロー・リチャーズという科学者の存在を知りました。かのキュリー夫人が尊敬してやまなかった女性です。1960年代に『沈黙の春』で環境問題を告発した生物学者、レイチェル・カーソンの考え方も学びました。二人は、人間の自然に対する奢り、傲慢さを憂い、環境と調和しうる生き方を探ること主張したことで知られています。子どもが自然とふれあうことの大切さも力説していました。でも、彼女たちから発せられた警告を正当に評価し、反映してきたのだろうか?　そこから、「子どもとエコロジー」とか「環境と女性/ジェンダー」という研究のテーマに辿りつきました。なぜ、子どもかというと、次の世代に対して私たちは責任を持っているからです。社会人を経て進学した、お茶の水女子大学大学院で「子どもとエコロジー」を修士論文のテーマに研究に取組みました。指導教授は文化人類学者の原ひろ子先生です。

2歳の娘を連れて東京都日野市で有機農業をしているグループを毎週訪ねました。やっぱり食べるものを自分の手でつくることは大事ですよね、とメンバーの方の生き方に共感しました。

## エコロジーとフェミニズムを掛け合わせたエコフェミニズムとの出会い

昨年はエコフェミニズム(Ecofeminism)という言葉ができて50周年でした。フランスのフェミニストのフランソワーズ・デュボンヌ(Françoise d'Eaubonne)が1974年に創った造語です。彼女は、現在の地球環境破壊と女性への性差別や植民地支配の問題を引き起こしたのは家父長制社会であると述べていて、男性優位の社会システムを変えない限り根本的な解決にならないことを指摘しています。環境破壊もジェンダー差別もない社会を目指すのがエコフェミニズムです。私はその考え方に注目し、海外の論文を日本に紹介しました。同時に、エコフェミニズムの視点から日本の事例も調べ始めました。宮崎県の土呂久ってご存じですか?　土呂久砒素公害が問題となった場所です。当時80歳を超えていた女性にお話を聞いた時に「私たちにもっと力があればヒ素鉱毒問題は起こらなかった」とおっしゃったんです。どういうことかと聞くとヒ素鉱山の操業を再開させるかさせないか、そういった決定をする時に女性たちは排除されてしまっていたと。女性たちは子どもを背負って村長さんのところに行って操業反対を主張したけれど、「男の決めたことに女は口をはさむものではない」と、最終的に操業が再開されてしまったのです。「物事を決定するところにやはり女性はいるべきだ」と強く思いました。女性たちの経験や視点が意思決定過程に入らなければ、環境を良くしていけないと思ったのです。

**渡邉**:人が根本的に大切にするべき「健康や命に関わる環境」について、「本音を語るのが女性」だったということですね。

**萩原**:ジャック・アタリが言うところの「命の経済」ですね。「命の経済」とは「新しい生活様式」へのシフトであり、「誰もが健やかに暮らせるよう尽力する」考え方のことですが、女性たちは以前から「命の経済」を目指し、その役割を担い続けてきていると思い

**◀萩原なつ子さん編著の単行本。**
としまF1会議「消滅可能都市」270日の挑戦
生産性出版発行　定価:本体1,800円+税

日本創生会議が発表した全国896の「消滅可能都市」に東京23区で唯一指定された豊島区。緊急対策本部を立ち上げ「女性に優しいまちづくり」を掲げ、子育て世代の女性を中心に、としまF1会議を立ち上げ区を動かし8800万円の予算を得て11の事業を展開。「女性目線のまちづくり」を推進した活動を収録。

ます。

渡邉：命を大切にする気持ちが、女性たちの本音でしたが、発言として生かされていなかった。地球の未来のために、このままではいけないと思われたわけですね。

現在、男女共同参画の流れで、女性センターが女性の意識啓発を推進し、ある程度前進した面はあると思いますが、今後さらに男女センターとしての活動に期待されているのはどんなことでしょうか？

萩原：1975年にメキシコで開かれた第1回世界女性会議のあと、1977年に国立婦人教育会館（現・独立行政法人国立女性教育会館、NWEC）が設立され、その後全国各地に女性センターが設置されました。現在、男女共同参画センターは、全国に354カ所あります。法律上の根拠はなく、都道府県や市町村が条例等を制定して、設置していますが、今年の3月の閣議決定で、日本の男女共同参画を推進する上でとても重要な法案が通常国会で審議されることになりました。

独立行政法人男女共同参画機構法案と男女共同参画センターの法的位置づけを明確にするために男女共同参画社会基本法を一部改正する法案です。詳しくはすでに公表されている資料をご覧いただきたいのですが、国会で審議され、成立すれば、令和8年度に発足されます。現在、文部科学省が主管の独立行政法人国立女性教育会館は、独立行政法人男女共同参画機構（仮称）となります。主管が内閣府に移管され、文部科学省は共管となり、主務大臣が内閣総理大臣と文部科学大臣となります。国の実施体制を強化するため、男女共同参画に関する施策の実施を総合的に行うナショナルセンターと位置づけられ、センターオブセンターズとして、全国の男女共同参画センター等を支援することで日本の男女共同参画を推進する役割を担うことになっています。

この方針は、すでに2024年6月の『女性活躍・男女共同参画の重点方針2024』、女性版骨太方針に示されています。令和5年4月に「独立行政法人国立女性教育会館及び男女共同参画センターの機能強化に関するワーキング・グループ」の報告書、令和6年12月に「男女共同参画センターにおける業務及び運営についてのガイドライン」がまとめられ公表されていますので、併せてご覧ください。

今年は、1995年に第4回世界女性会議が北京で開催されてから30年の節目の年です。当時、すでに研究者としてのキャリアを歩み始めていた私も研究者仲間と参加しました。ジェンダー平等を達成するために手段・戦略であるジェンダー主流化が提言された重要な会議で、今年は各地の男女共同参画センターで北京+30に関わるイベントが開かれると思います。

渡邉：根拠をはっきりさせて、しかも総理大臣が推進者になるということでしょうか？

萩原：そうですね。内閣府に主管が移るということはそういうことです。内閣に設置されている男女共同参画推進本部の本部長は総理大臣ですし、男女共同参画会議の議長は官房長官です。新法人は男女共同参画社会の形成の中核的機能を担い、全国の男女共同参画センターはもちろんのこと、自治体、企業、学校など多様なステークホルダーとの連携・協働で男女共同参画を推進します。

渡邉：日本の女性の労働力率がめざましく向上して、経済界でも女性の力を認める時代にはなってきたとはいうものの、まだまだパワハラ・セクハラ、無意識の偏見、女性の国会議員や管理職が少ないという状況があます。ジェンダーギャップ指数もいまだ日本は先進国最低の状況にありますが、いかがでしょうか。

## ジェンダーギャップ指数改善には、意思決定の場に女性が入ることが必要

萩原：おっしゃるとおりです。とくに、四つの指標のうち、政治分野と経済分野の順位が低いままです。上智大学の三浦まり先生たちが2020年から「都道府県別ジェンダーギャップ指数」を出しておられます。その結果をみますと、日本のジェンダーギャップの現状は、地域の状況を反映したものだとわかります。地方の意識改革やジェンダーギャップ解消の取組みはまだまだです。私は山梨県や兵庫県豊岡市のアドバイザーをしていますが、固定的な性別役割分業や無意識の偏見が根強いです。やっぱり意思決定の場にほとんど女性がいません。町内会・自治会の会長もほぼ男性です。日本には23万ほどの町内会・自治会がありますが、女性の自治会長は7.3%です。地方議会も推して知るべし。日本の女性が初めて選挙権を得た1946年4月10日の衆議院選挙では、39名の女性議員が誕生しましたが、2025年現在、465人定数で73名です。倍にもなっていません。これは何故なのか？ 根本的に何が問題なのか？にもっと光を当てていくべきですね。

女性は政治に向かないと思っている人は男女ともにまだだいますし、ある調査によれば、日本という国は女性が女性に投票しないユニークな国のようです。女性の中にも物事を決定するのは男性に任せればいいとか、そういう意識を持っています。そういう意識を変えていくことが次のステップだと思います。

経済分野においても、2016年から10年間の時限立法で施行された女性活躍推進法がありますが、残念ながら賃金格差や管理職の登用など、男女不平等の改善や女性が働く環境の整備が

▼萩原なつ子さんは、人間のための環境保全に熱心に取り組んできた。胸につけられたキティちゃんの入ったSDGsのバッジが印象的だった。

進んでいないのが現状です。まだ役割を終えていないということで、10年延長されることになりそうです。

## 過重な負担をこなさざるを得ない女性たちの現状がある

**萩原**：女性活躍推進法が施行されるまでの施策としては、1985年の男女雇用機会均等法があります。「みにくいアヒルの子だから白鳥にしてちょうだい」という赤松良子さんがおっしゃったという有名なフレーズがあるように、男女雇用機会均等法は男性並に働ける人にとっては良かったのですが、長時間労働など枠組みが変わっていなかったので、男性並みに働けない人は結婚や出産で辞めざるをえなかった女性も多いです。働き方改革も長年言われていますが、8時間労働制についても検討すべきですね。8時間労働制は19世紀、第一次産業革命の頃にできたんです。男女雇用機会均等法は改正を重ね、育児休業法もできたりしていますが、でもなかなか女性が十分に活躍できていない。その背景に「ケアレスマン」の男性たちがいます。ケアレスマンというのは、家事・育児責任を負わない、担おうという意識もない男性的な働き方をさす言葉です。女性の場合は、共働きでも家事・育児・介護などケア労働のほとんどを担っており、稼ぎ仕事に無償労働もやってという、新・性別役割分業で疲れ切っています。その渦中で、管理職になるという選択に、なかなか前向きになれないですよね。

**渡邉**：いろんなことをやりこなさないといけない立場に女性がなってしまっているという事ですね。

## 男女両輪で課題解決をするためには女性の学びが重要に

**渡邉**：パワーを発揮するにもまだ壁がある、そういう中で今後女性の育成、学びをどういう方向にすべきとお考えでしょうか？

**萩原**：男性も女性もケア役割をするのが当たり前のはずなのに、現実的には女性がその役割を担っています。現状は女性活躍よりも、女性フル活用？　人手不足だから女性を活用しようとしているが、女性はすでにこんなに活躍しているという声もある（笑）。男女共に働きがい、生きがいを持てるように「長時間労働を変えよう」「多様な働き方を認めよう」という方向だったんです。今までの枠組みや考え方を変えないままでは、女性の間の分断が起きてしまいます。管理職登用を進めるためのアファーマティブアクション（積極的是正策）に対して、逆差別だという声もあります。私は25年前に、当時の宮城県知事・浅野史郎氏の招きで環境生活部次長として赴任しました。37人中たったひとりの女性だったのですが、男性のポストを奪ったと思われていたかもしれません。自動扉の昇進システムの前にいたのに、異質な方法でやってきた異物みたいな。

**渡邉**：優秀な男性と女性ががきちんと職場の未来をプランニングし、バランスよく推進していく必要がありますね。女性がプランに入っていく意味は大きいですね。

**萩原**：そう思います。ただ、例えば企業において役員の女性比率を上げるために社外取締役に女性を登用することが多く、単なる数合わせになっている現状があります。女性の意思決定過程への真の参画につながっているでしょうか。女性の活躍を進めていくにはやはり「育成と学び」が重要だと思います。女性教育の推進は男女共同参画の重要な部分です。女性のエンパワーメントを図るためにも、女性たちの自発的な学びの場の提供や、研修事業を提供することがこれまで以上に求められるでしょう。

**渡邉**：本来であれば社内から課長・部長から役員と言う形で、生え抜きの人をきちんと男女差別なく育てていってこそ本当の人材育成だと思います。

**萩原**：そうですね、そこはまだまだできてないなぁと思います。公務員の場合はそうなっているとは言うけれども、まだまだだと思います。

## 男女に学力差はない 女性に対する先入観が女性の可能性を潰している

**渡邉**：国際的な学力調査では、男性と女性の学力差はないという結果ですね。理系についても男女の基礎能力に差はないので、本来は女性管理職や国会議員が、男女半々になることが望まれます。

**萩原**：本来だとそうですが、例えば理数系は女性に向かない、無理と思う親御さんが地方に行くほど多いという調査結果もあります。国立女性教育会館が行った学校の教員を対象に行った調査でも明らかになっていますが、先生方にもそういう無意識の偏見を持っている人もまだまだいらっしゃいます。霞ヶ関子どもデーという催しが毎年夏に開催されていますが、国立女性教育会館も出展しています。「なぜ男性の校長先生が多いのでしょうか」という質問コーナーがあるのですが、小学校低学年の子が「男の方が偉いから」とか「女性の先生は家事・育児が大変だから」といった衝撃的な回答をします。学校におけるジェンダー教育が十分ではなかったのかもしれません。家庭教育、メディア、学校、地域などさまざまな場面で子どもたちに無意識の偏見がすり込まれてしまっている。今でも放映されている昭和から続くアニメーションなどからイメージが内面化してしまう。子どもたちには性別にとらわれずに生きて欲しいと思うので、しっかりとジェンダー平等教育をしていかないといけない。そのためには子どもたちに対してだけではなく、身近な大人たちがジェンダーバイアスに気づくための学びの場がもっと必要です。ジェンダーセンシティブになるための学びの推進が必要だと思います。

**渡邉**：今まで女性に対してはそれほど頑張らなくてもいいといったり、自分が自立できる適職を持つべきと言ってこなかった。女性が適職を持って自立できるようにする祖父母の役割も大きいということですね。

## 父母と祖父母の意識改革が必要になっている。

**萩原**：祖父母の役割も大きいと思います。親世代が共働きで忙しいので孫を祖父母がケアしていることもありますので、祖父母に対するジェンダー教育もニーズがあります。祖父母のジェンダーバイアスが孫に伝わり再生産されてしまう。そういう意味での学びを祖父母も含めしっかりやっていかないと。特に祖父が（笑）。

豊岡市では、古い価値観を持っている高齢男性が研修を通して、自分たちの都合のようにやってきたことに気づきはじめてくださって、子どもたちにジェンダーを意識して接してくれるようになっているので、可能性はあるかなと思っています。だから、地道にこつこつやっていくことが鍵だと思います。

**渡邉**：先日、照明デザイナーの石井幹子さんのお話をうかがいました。奨学金もない時代に北欧に行って学びたいと有名な女性デザイナーに手紙を送り、雇ってもらう確約をしてフィンランドへ学びに行ったという話。お母様の考えもあったそうです。日本の離婚率は現在35%です。良い結婚相手を見つければ安心という時代ではなくなっています。娘が自立できるよう母親がしっかり育てることが大事とおっしゃっていました。

**萩原**：そうですね。女性の経済的自立はとても大事です。私の父は日本国憲法が施行された翌日の1947年5月4日の日記に「これからは男女平等の社会である」と書いていました。私に「女の幸せは結婚のみにあらず」とも言ってました。祖父母は教員をしておりまして、祖母は女性の解放は服装からといって率先して洋服を着たりしてました。祖父は育児にも積極的で、4人の子どもの育児日誌を残しています。母も仕事をしていましたし、私は女性の経済的自立を幼少の頃から意識していました。ですから、母親だけでなく、そういう意識や考えを持つ大人を増やしていく必要があります。学校教育だけでなく、社会教育などいろいろな学びの場を通して啓発していくことが、結果としてジェンダー平等社会をつくっていくと思っています。

## 人選をする場合には、常に女性の参画を推進する視点が必要

**渡邉**：私の地元の成人式の来賓が全員男性でした。成人式の来賓こそ半分は女性にして、若者の将来イメージにつながる教育者や経営者・芸術家などの先輩を並べないとダメじゃないかと思いました。

**萩原**：まだまだですね。やはり来賓となる組織のトップはほとんど男性ですし。選ぶ側に男性しかいないと女性を選ばない傾向が強いという調査もあります。たとえば人事の面接なども男性ばかりだと、男性を優先的に採用したり、ルッキズム（外見重視）になってしまうかもしれません。ダイバーシティ、多様性の視点を入れていかなければならないと思いますね。

**渡邉**：日本で一番女性管理職を増やしているリクルートに前号で取材しました。

リモートワークが可能になったこともプラスになっていました。もちろん入社試験のときから男女差別なくSPIテストを使って育てていくわけですが、管理職や上位職にはどういう能力が必要かという要件を先に出して一人ずつみていくと、埋もれていた女性から能力のある人が見つかったそうです。上位職に必要な能力要件を客観的な仕組みから、選んでいくと、能力が同じくらいなら男女半々に近づくのではと思います。

**萩原**：近年、管理職の女性を登用の促進を支援するための「スポンサーシッププログラム」を導入する企業も出てきています。男女を問わず、この人には高い能力があるという見極めや、この人を引き上げようという意識を持つことが多様な人材が活躍できる職場環境につながります。たとえば、管理職に登用する際に、女性の名前を先に書くことを意識させる企業もあるそうです。最初が男性だと、どうしても男性の方が印象に残ってします、そういう細かいところから意識を変えていくことも管理職に求められる評価指標になってきています。

## 時代変化の中、嵐山の国立女性教育会館は、今後どうなっていくのか？

**渡邉**：嵐山の国立女性会館の存立が不安という声もありますので、これからの方向や活動を聞かせていただけますか。

**萩原**：さきほどお話しましたように、新法人として内閣府に主管が移管されると、男女共同参画を推進する事業に多面的に、総合的に取組むことができます。２０２２年の女性版骨太方針には、「全国津々浦々で、男女共同参画社会の形成を促進するために、主管を内閣府に移管」し、そのために機能強化を図ることが示されています。全国の男女共同参画センターや企業、学校等の多様なステークホルダーと連携して、ジェンダー主流化を進めていく方策を内閣府とともに考えているところです。そのためには優れた人材と予算の確保がとても重要だと思っています。文部科学省も共管ですので、これまで同様、学習・教育支援を通してジェンダー平等な男女共同参画社会を実現するための推進機関としての役割も担っていきます。

## 本館と資料と広い食堂を改装し、会議室はしっかり残る

**渡邉**：資料館、女性の歴史資料とかは残されますか。

**萩原**：昨年の7月30日に、県町と協議の上、国として、国立女性教育会館の機能を引継ぐ新法人の主たる事務所を嵐山町に据え置く方針を公表しました。修理や維持費に年間2~3億円ほどかかる老朽化した研修棟や宿泊棟は撤去される予定ですが、本館と女性情報資料センターは残ります。レストランは会議室に改修される予定です。15万冊におよぶ図書、アーカイブ資料は貴重な財産です。女性、ジェンダーに関する公文書館のような存在であるという評価もいただいていますので、さらに充実したものにしていきたいと思っています。

**渡邉**：そういうものの活用法はいかがですか。

**萩原**：なかなか嵐山まで来るのは遠方で大変なので、資料のデジタル化や図書のパッケージ貸し出し等に今まで以上に力を入れていきたいと考えています。

**渡邉**：地元からの積極的なアイデアが活かせるといいですね。

**萩原**：そうですね。嵐山町でジェンダーギャップ解消のためのモデル事業などを展開できればと思っています。

## ネット時代は新たな人の集め方に知恵と工夫が必要になる

**渡邉**：今リモートで働く人も増え足を運ばず情報入手するという時代になっています。そのためシンポジウムなどに人が集まらなくなっています。女性経営者やマスコミ・芸術・スポーツ分野の方などのネットワークに声をかけ、いろんな活気あるアイディアで推進していけるといいですね。

## ネットワークを集合し、活気にあふれた活動を展開していく

**萩原**：オンラインの利点を活かした多様なスタイルの研修ももちろんですが、対面の研修も全国でブロックごとに実施したいと考えています。新型コロナ禍を経験して、やはり集まって情報共有し、ネットワークを形成していくことがとても大切だと思っています。3月7日に、衆議院議員会館で経済的自立とデジタル人材育成をテーマにしたシンポジウムを、専門性を持った企業やNPOと連携して実施しました。このような、様々な主体との連携をさらに積極的に進めていきます。新法人となっても、これまでと同様に多くの方に応援していただきたいと心から願っています。

## リーダーシップ111《ワンワンワン》

## 設立30周年記念シンポジウム

REPORT

# 「変えていこう、次の10年で」

**2024年12月15日、晴れ渡る青空の下、東京ウィメンズプラザで「女性のリーダーシップの現在地とこれから」について考えるシンポジウムが開催されました。主催は1994年の発足以来、官民・業界を超えて、女性たちが学び合い、情報交換をしながら、素敵な社会の実現に向けて行動してきた「リーダーシップ111」。活躍中の女性リーダーたちによるシンポジウムをレポートします！**

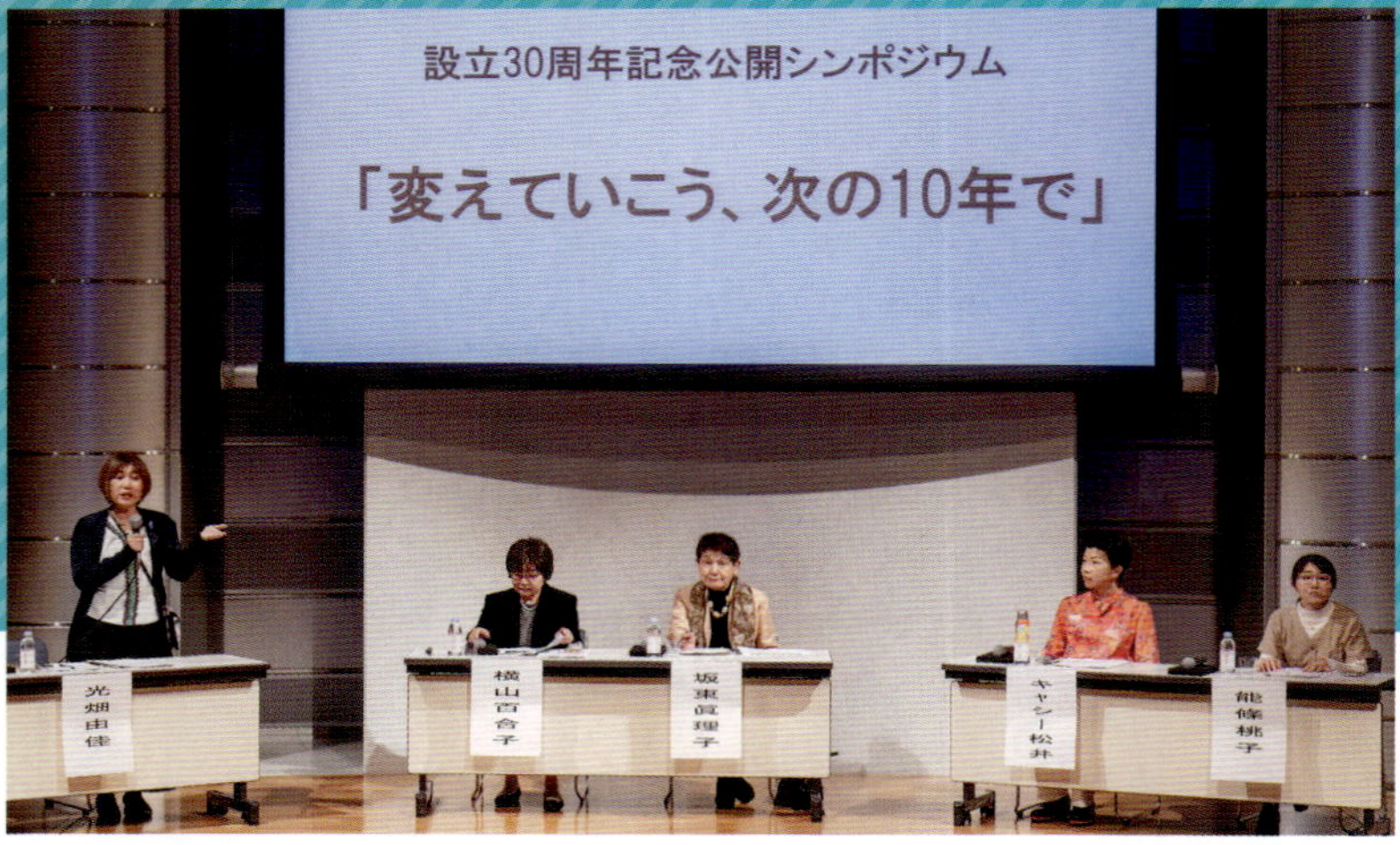

### ●リーダーシップ111の歩み

**光畑■**リーダーシップ111（LS111）は94年、10人の女性でスタートを切りました。名前は発足が戌年だったのでワンワンワンと賑やかに勇敢に社会に向かって議論していこう！という思いから付けられました。国内外に警鐘を鳴らし、発言し、自ら実践することをモットーに行動してきたグループです。

**坂東■**創設メンバーとして当時を振り返ると「女性は差別される側で、社会で被害を受けている人たちを救うことが女性に対する政策」という感覚が強く「リーダーシップ」という言葉に対し、まだ反感がありました。でもこれから女性たちがリーダーシップを発揮して責任を持って行動し、主体性を発揮していくことが必要ではないか、とスタート。

闊達なビジョンを提示し、社会に刺激を与えていくことを目指して、経済界、公務員、マスコミ、芸術系、いろいろな分野で活動する女性を巻き込んで情報を交換し、互いに学び合い応援する活動を行ってきました。

**松井■**ガラスどころではない、コンクリートのように硬い天井を先輩たちに何度も破ってきていただいたおかげで、私たちもやっと今ここまで来た、という感じですね。

**光畑■**それでは本日の登壇者の方々からスピーチをいただきましょう。

### 歴史は変わる、変えられる

**国立歴史民俗博物館 名誉教授**
**横山百合子氏**

国立歴史民俗博物館（れきはく）では20年「性差《ジェンダー》の日本史」展を行いました。しかし物を展示する博物館でジェンダーという「概念」をどう扱うか悩み、外国の例を調べてみると、背中を押されるというより、正直「どやしつけられた」ように感じたのです。

例えば、国立台湾歴史博物館のケース。台湾のジェンダー平等教育法（04年制定）では「学校教材の編纂、審査、採択はジェンダー平等教育の原則に適合し、各ジェンダーの歴史的貢献や生活経験をバランス良く反映させ、多元的なジェンダー視点を示さなければならない」とされています。そこで博物館もその原則に立ち、ウェブに性別平等ページを設け、常に方針や展示や研究を更新していました。

シンガポール国立博物館では03年、キュレーター出身の40代女性リーさんを館長に抜擢。近代化の歴史が主だった展示を600年さかのぼり、民族・文化・言語・生活習慣の混じり合う多様性を前面に出した内容に大リニューアルを行いました。大論争が巻き起こったそうですが、リーさんは来日の際「政治や重大な決定に関して市民参加の機会が広く開かれていない独特な状況のもと、地理的・歴史的ルーツを再構築する作業は、多くの有権者が政治的に覚醒するひとつの道筋になっている」「私たちは良い仕事をした」「専門家としての矜持は必ずしも守られないことがあるが、私たちはそれを求めて戦わなければならない」と語っておられます。

大英博物館の場合は東京五輪の半年後「コンテンポラリー・ウー

●昭和女子大学 総長
**坂東 眞理子 氏**

富山県生まれ。1969年東京大学卒業、総理府入府。1995年埼玉県副知事、1998年ブリスベン総領事、2001年内閣府男女共同参画局長。2004年昭和女子大学・女性文化研究所長、2007年同大学学長、2014年同大学理事長、2016年同大学総長。著書「女性の品格」「日本の女性政策」「70歳のたしなみ」「幸せな人生の作り方」「女性の覚悟」など著書多数。

●国立歴史民俗博物館
名誉教授
**横山 百合子 氏**

東京大学文学部卒業。神奈川県立高校で社会科教諭として勤務後、千葉経済大学経済学部教授などを経て、国立歴史民俗博物館教授（現在は名誉教授）。博士（文学）。専門分野は、日本近世史。2020年国立歴史民俗博物館企画展示「性差（ジェンダー）の日本史」のプロジェクト代表を務めた。著書に岩波新書『江戸東京の明治維新』（2018年）等。

マン・アーティスト・オブジャパン」を開催。森喜朗さんの「わきまえる」発言と同年に、公式サイトにも「わきまえず自らを伸ばしてきた女性の展示」とあり、上から目線の解説が続くのかと思いきや「万葉集、源氏物語、江戸にも良品が多くあるのに、日本コレクション4500点のうち女性の作品は140点。今後は女性の成果に注目していく」と率直な自己批判が行われていて驚きました。

フランス国立公文書館では24年4月の前月に可決された「自発的に妊娠を中絶する自由」に関する憲法改正について、早くも展示がありました。フランスは平等なイメージがありますが、実は人権宣言の「人」は中産階級以上の白人男性のことで、ナポレオンも「女性は市民権を持てるようなものではない」と明言したほどでした。しかし、00年のパリテ法以降、大きな飛躍を遂げています。

私たちのれきはくでは、「日本が伝統的に遅れていたのかといえば、そうではない」という展示をしました。邪馬台国も『魏志倭人伝』に「有力者の政治集会におけるふるまいは長幼男女の区別はない」と書かれています。

中世でも鎌倉幕府の北条政子（平政子）が関東将軍として記録に残っています。政子が教科書で将軍とされないのは、律令が女性を将軍にする制度になっていなかったからです。また当時は実家の姓を名乗るのが常識だったので、別姓です。幕末の天璋院も和宮も、政治のトップに立っていました。それを完全に止めたのが明治維新。女官を全員クビにした薩摩藩士吉井友実の日記に「数百年来の女権唯一日に打ち消し、愉快極まりなし」とあります。また明治憲法も発布2週間前に「皇位ハ皇室典範ノ定ムル所ニ依リ皇子孫之ヲ継承ス」から「～皇男子孫」に書き直されました。

今言われている「伝統」の多くは、明治以降のわずか150年のことなのです。どうすればこれを乗り越えていけるのか、今日は議論したいですね。

## 女性は変わった 次は男性と社会が変わるとき

昭和女子大学 総長
坂東眞理子氏

75年が国連の国際婦人年。世界会議で策定した行動計画に「各国政府は権力の中心に近いところに横断的に女性問題に関わるセクションを作るべき」とあり、婦人問題企画推進本部ができました。その事務局として、婦人問題担当室がヨチヨチとスタート。「審議会の女性委員を2・4%から10年で10%に」と各省庁の人事課長を訪ねたのが最初の仕事でした。各県に婦人問題担当部署を作ってくださいとか、いろんな働きかけを行いました。

第1回婦人白書では75年はちょうど国勢調査で、女性労働力率のM字カーブ（※）が一番深く、それを数字で明らかにできたのはよかったですね。79年には国連が女子差別撤廃条約を採択して日本も賛成。批准のため3つのリクエストがありました。

まず一つ目は国籍法。それまで父が日本人なら子も日本国籍が取れましたが、母の場合は難しかったのを均等に。

二つ目は、高等教育カリキュラムを男女一緒にということで、89年に「家庭科の共修」が施行されました。

難物だったのが三つ目の職場。47年制定の労働基準法に、女性の保護はありますが、男女の均等・平等を保証する法律がない。「能力も働き方も違う男女を同じに?」と企業は反発しましたが、85年に批准のため緩やかな、罰則なしの努力義務で男女雇用機会均等法が難産の末に生まれました。室長の赤松良子さんは「小さく産んで大きく育てる」と言ってスタートさせたのです。

均等法は初改正が97年、12年もかかりました。経済界は渋々「男性だけ募集」という慣習をやめ、総合職と事務一般職というコース別雇用管理で骨抜きにしようとし

※女性労働力率のM字カーブ：結婚・出産・育児期に、女性労働力率がグラフ上で低下する事を指す。

MPower Partners Fund L.P.
ゼネラル・パートナー
**キャシー 松井 氏**

ゴールドマン・サックス証券会社、元日本副会長およびチーフ日本株ストラテジスト。1999 年に提唱した「ウーマノミクス」の概念は、日本政府が女性活躍推進を経済成長戦略として打ちだす根拠となった。多様性、コーポレートガバナンスと持続可能性を経済合理性の観点から分析し、多くの企業や投資家に影響を与えている。2020 年に『女性社員の育て方、教えます』を出版。

(一社) NO YOUTH NO JAPAN 代表理事
FIFTYS PROJECT 代表
**能條 桃子 氏**

1998 年生まれ。デンマークに留学後、若い世代の政治参加を促進する NO YOUTH NO JAPAN を設立。2022 年には政治分野のジェンダーギャップ解消を目指し 20 ～ 30 代の地方選挙への立候補を呼びかけ FIFTYS PROJECT を行う一般社団法人 NewScene を設立。慶應義塾大学院経済学研究科修士卒。TIME 誌の次世代の 100 人 #TIME100NEXT 2022 選出。

ました。それまでは4年制大学卒の女性は入社試験もほぼ受けられなかった。だからこそ私は公務員にしかなれなかったのです。ようやく建前だけは変わりました。昇進や採用も努力義務から「差別してはならない」となり、だんだん実質的なものになりました。

一方91年の育児休業法については政財界とも熱心でした。89年に出生率1・57ショックがあり日本の危機が叫ばれ、96、97、00年とどんどん改正。少子化を背景に今では充実した法律になりました。

95年に北京で開催された第4回女性世界会議には、日本からLS111も含め5千人がNGOフォーラムに参加。90年代後半は北京会議の熱気もあり、いろんな自治体が男女共同参画条例を作りました。

01年に新しく内閣府ができ、男女共同参画室が局に格上げされ、DV法、仕事と子育ての両立支援、待機児童ゼロなどに取り組みました。

03年には、20年までに「あらゆる分野の指導的地位の30％を女性に」という目標を決めました。「クォータ制で能力のない女性を登用するのか」など反発がありましたが「17年後までに必ず育ちます」と説得しました。結果は30％にとどかず14・8％でした。政府は30年までの早い時期に目標を達成するとしています。

15年には女性活躍推進法も作られ、有価証券報告書に男女の管理職数や社員数のほか、賃金格差や女性登用の行動計画も示すよう義務付けられました。物言う株主などが「女性役員ゼロなんて人事は否決」と言い出したことで、いま上場企業で女性登用が急速に進んでいます。

女性たちは変わりました。M字の谷もどんどん浅くなり、30代40代で働き続ける人が増えています。まだ正社員は少なく、年収の壁の中でまだ3号被保険者として働くという人もいます。変化の真っ最中、というのが実感です。

## ウーマノミクスの進捗とスタートアップのポテンシャル

MPower Partners Fund L.P.
ゼネラル・パートナー
キャシー松井氏

四半世紀前「ウーマノミクス」、すなわち女性と経済を一緒にした言葉を提唱しました。

私はバブルのピーク直後に金融業界に入りましたが、経済は下り坂。内外の機関投資家に日本の上場企業に投資すべきか否かアドバイスを提供する立場にありながら、なかなか明るい材料が見つかりません。

一方で96年に最初の子を出産。育休後、元のポストに戻りましたが、日本のママ友を見てショックを受けました。日本のママ友を見てショックを受けました。元のキャリアに復帰できず、社会から引退してしまう人がほとんどだったのです。

ところで国の成長率を左右する材料は3つ、人材・資本・生産性です。労働人口が減る、資本は限られる、であれば生産性革命が起きない限り、働く人の人口が減れば、日本の成長率はどんどん下がらざるを得ません。

それで優れた女性人材があふれているのに働いていないのは「もったいない」と感じ、「ウーマノミクス」リサーチを始めました。

90年代中頃、15~64歳の女性人口のうち外で働いているのは56％。先進国で最低でした。仮にこの水準が男性並みになった場合、どのくらい日本の経済を押し上げる効果が期待できるか分析したところGDP15％アップ。これは投資家さんに明るい材料を提示できる、と考えました。

25年経って、何も変わっていない訳ではありません。以前はアニュアルレポートを見ても女性が何％なのか、女性管理職が何割か分からなかった。ところが女性活躍推進法に開示義務が盛り込まれた。私は米国人ですが、米国でさえこういう義務はありません。英語に「見えないものはマネージできない」という言葉がありますが「見える化」できたことは大きいですね。

## ●モーハウス代表 リーダーシップ111代表
## 光畑 由佳氏

自らの体験から、産後女性が社会とつながるため、着られる授乳室として授乳服を開発。ソーシャルアクションとしての「子連れ出勤」を実践・発信し、内閣府女性のチャレンジ賞など受賞。現在は大学院等で子連れ出勤の意義に関する研究を行う。東京大学大学院情報学環客員研究員、筑波大学大学院非常勤講師。

能條桃子さん提供

日本にいると「日本は遅れている」と思いがちですが、米国では国レベルの育児休業制度はゼロです。日本では両親とも約1年間の育休が取れて、休業中もベネフィットをもらえます。お母さんだけ育休を取り、お父さんが職場で頑張らざるを得ないという例もまだ少なくありませんが、パーフェクトではないにせよ、制度は結構豊富なんです。

また大きく変わったのは、女性就業率。13〜14年あたりからビュッと上がって、欧米を上回りました。このデータを海外の投資家さんに見せると、みんなビックリ。経済が拡大局面に入って人手不足が深刻なので、女性に対する雇用機会が増えた結果です。ただ働く女性の半分くらいが非正規雇用なので、その問題解消はまだこれからですね。

そして何が変わっていないのかというと、リーダーシップ。民間も政界も決定権や主導権を持つディシジョンメンバーの女性の割合が極めて低い。実は上場企業の女性管理職比率と収益性には正の相関があります。女性管理職の割合が高いほど、収益性が高いんです。

私は4年前、日本初のESG（環境・社会・ガバナンス）重視型ベンチャーキャピタルファンドを立ち上げましたが、日本は女性起業家が少なく、調達している金額も少ない。スタートアップは資金を調達して事業を大きくするのがミッションですが、上場や株式公開時の時価総額を男性創業と女性創業で比べると、女性創業の方が高い。ただ日本のベンチャー投資の総額のうち、女性起業家に配分されている割合はたった2％。実に「もったいない」。我々は女性起業家だけに投資している訳ではないんですが、これは隠れている宝物だと信じています。

## 政治分野のジェンダーギャップ わたしたちの世代で解消を！

## NO YOUTH NO JAPAN 代表理事 FIFTYS PROJECT 代表 能條桃子氏

私は若い世代の政治参加を促進する団体と、若い女性やノンバイナリー（※）の人たちの立候補を呼び掛け支援する活動の代表をしています。

まず「被選挙年齢引き下げ」の話から。いま立候補できるのは25歳からで、選挙は4年に1回。20代後半は「子どもを産んでから」と見送り、あるいは希望しても政党から「ママになってから」と言われたりします。子どもを産んだら、立候補どころじゃない。4年後は子どもの学費があり、選挙資金も用意できない。「子どもが大きくなったら」と言っている間に仕事などで居場所を見つけ、20〜30代で立候補する人が増えないという背景があります。

日本の被選挙年齢は衆議院や地方選挙で25歳、参議院や知事に至っては30歳。OECD38カ国で、25歳にならないと立候補できない国は日本を含め5カ国。多くの国が18歳、もしくは21歳からです。

「18、19、20歳に何ができるんだ?」と言われたりもします。でも今の10〜20代は10年前、20年前とは全然違う経験をしていてその経験を代表できる人が必要です。女性参政権が実現した時も「女性は能力がない」と言われていました。でも80年経って、誰もそう思っていません。制度が変わればきっと常識も追いついてきます。

※ノンバイナリー：自身の性自認・性表現に「男性」「女性」の枠組みをあてはめない性のあり方を指す。

そしてもうひとつの活動が「地方議会から若年女性立候補者・議員を増やす」というものです。

　森さんの女性蔑視発言があった時、友人と抗議の署名活動を立ち上げ、署名は年代を超え15万筆も集まりました。正直それまで男女平等はすでに実現しているくらいに思っていたのですが、戦い、前進させてきてくれた方たちの存在を知って感銘を受け「自分たちの世代は次の女の子たちのために何ができるのか」と、いまの活動を始めました。データによると地方議員は全国に約3万人。21年には全体の85％が男性でした。しかも全体の56％が60代以上の男性で、20～30代女性は1％未満。つまり地方議会が住民の代表の場になっていません。地方女性議員の世代別割合も80代が6％。50代までは世代が若くなるほど増えますが、40代以下は認識も変わっているはずなのに、ギャップが解消していません。そこで自分たちの世代から男女比率を半々にしようと、活動を「フィフティーズプロジェクト」としました。

　でもみんな選挙に出るなんて想定して生きていないので、ワークショップをしたり、選挙ボランティアの機会をつくったりしています。初めての関わりが楽しくないと人がいなくなってしまいますから、目上の男性から「君はどうせ政治のことなんて分からないだろうけど」とマウントを取られたら「早く解放してくださいといかに表現するか」なんて練習もしています。

　23年4月の統一地方選挙では全国で29人が立候補して、24人が議員になりました。

　これからも、私たちの世代のフェミニズム運動ができたらと思います。また同じ女性でも地域や職業、年収でいろんな立場があり、地域にこそケアワークを担う人や非正規雇用の人がたくさんいます。その意見が反映されて変わっていくべきなので、地方議会から変えていくことが大事ではないでしょうか。

**光畑■**ありがとうございます。それではパネリストによるディスカッションをはじめましょう。

## テーマは変えていこう、次の10年で

**坂東■**働き方改革で、女性も古いタイプの働き方ではない形を模索できるようになりました。ただ男性と同じように働くと損、という考えが根強い。M字カーブは解消しましたが、L字カーブが残っています。

**能條■**「専業主婦優遇策」で得をしてきたのは誰か。女性が福祉を担うのをよしと思う人たちや企業です。均等法と前後して第3号被保険者の制度もできて、日本はアクセルと同時にブレーキも踏んでしまった。

**横山■**そして生まれた分断の一つの原因は、連帯の視点の弱さではないでしょうか。私には歴史的に心に残る人がふたりいて、ひとりは厚生労働事務次官だった村木厚子さん。「一番厳しい状況で戦っている人が一番厳しい環境に置かれたままなのは大人の責任だから」と、困難な状況にある女性のサポートプロジェクトを進められています。もうひとりは19世紀の英国女性、ジョセフィン・バトラー。軍で当時、性病が蔓延して、町で娼婦と思われた人は強制的に検査をされ、病気なら病院にぶち込まれました。バトラーは「彼女たちと私たちは同じ姉妹である」と言って、女に対するダブルスタンダード（※）は絶対に許さないという運動を立ち上げました。このような視点がない限り、女性の進出と分断が同時に進んでしまう。

**松井■**ジェンダーランキング上位の国も日本と同じような出発点でした。日本も皆一緒に行動を起こせば変えられないとは思いません。

**坂東■**分断の一方で04～06年頃にはジェンダーバッシングがあり、「共同参画は男らしさ、女らしさを否定するもの」という見方が、議会で強くなりました。「男は仕事、女は家庭」というのは高度経済成長期に定着した、または儒教

※ダブルスタンダード：同じ事柄に対して二重基準を用いて不公平な対応を行うこと

の影響を受けた江戸の侍の考え方です。日本は卑弥呼の頃から商人も農家も男女力を合わせて働いていた。男尊女卑が日本の伝統なんていう人には、もっと勉強してもらわなければ。

**横山■**歴史を俯瞰するのは力になる一方、江戸時代に性売買が公認され、性を社会統治の手段とするシステムが強まったことも確かです。女性や性的マイノリティーを性的存在としてのみ見る感覚は400年かけて作られ、意識の根底に埋め込まれたのではないか。ジャニーズの問題にしても、性暴力を告発する人や立候補した若い女性に対するバッシングにしても、こういう伝統とつながっているところがない訳ではない。それを客観化できることが、乗り越える第一歩だと思います。

**松井■**システムを変えるには、法律を決める人たちの構成を変えない限り難しい。このままでは日本は百年以上かかるでしょう。しかし日本の地政学的環境は安定していますか。防衛政策や予算を決めるのは国会で、議員の男女比は9対1。弱者を含めて国民の声が反映されないとダメですね。他国の国会の女性割合が高いのは、クォータ制があるから。アファーマティブ・アクション（積極的格差是正措置）はよくないと言われて、待つ余裕はありますか。スピードが重要なので、真剣に議論してほしい。

**坂東■**例えばバーで働く人にはエンタメビザが出ますが、家事使用人やベビーシッターには出ません。ピルの解禁は40年近くかかりましたがバイアグラは半年ですよ。

クォータ制もフランスの政党は候補者数を男女平等にしなければ政党助成金が減らされます。日本でも18年に政治分野における男女共同参画を進める法律が成立しましたが、全く罰則はありません。

**能條■**声をあげる人をどう増やしていくか。ＳＮＳ等でより過激化していくバッシングに、どうつながり、防波堤になれるか。過去のジェンダーバッシングから学びたいですね。そして分断された人たちが連帯するには「普通」という特権を持つ側が学ぶしか方法はないのかも。男性中心のシステムを変えていく議論にも向き合っていきたいです。

**横山■**ジェンダーや文教の政策を変えないと、有為の女性人材は外へ出て、日本は枯れていきます。一方で選択的夫婦別姓も、近代に既定されてきた部分があるのかもしれません。私の母は長女で下に弟が何人もいますが、姓を継いだ弟たちが亡くなってから、百歳になる母に戦没者遺族のための弔慰金が出るようになりました。近代の性別役割分業の発想に「家」の思想が覆い被さっているのです。

歴史家の責任でもありますが、現代社会の問題を歴史とつなげて考えていく発想は大事だと思います。

**光畑■**では最後にご提言やコメントを一言ずつお願いします。

**横山■**歴史は変わるし、変えられる。皆さんと気持ちをひとつにして変えていきたいと思います。

**坂東■**変えるのはあなたです。私たちです。誰かが変えてくれることはありません。もうひとつ、教育に期待しています。女性はＩＣＴ社会でリーダーシップを取れるようもっと勉強しなければなりません。若い人には、社会の現実を知ってほしい。

**松井■**日本の女性人材は世界一の含み資産で、生かせば明るい未来を描けると信じています。ただマイノリティーだけの力では足りません。もう時間もありません。一緒に、早く変化を起こしましょう。

**能條■**若い男性をアンチフェミニストにしないこともポイントだと思います。

例えば会議に女性の数が足りないから若い女性を入れる。高齢男性は退かず、若い男性の席はない。その恨みつらみが女性に来る。いま男女平等に対する取り組みに一番ネガティブなのが20〜30代男性です。若い男性が敵になってしまったら、この先ずっと変わりません。

**光畑■**変えていこう、次の10年で。歴史を変えるのは、私たちです。あなたです。手を取り合って、アクションを起こしていきましょう！

■シリーズ：今ヨーロッパで起こっていること

# 徴兵制復活に悩むヨーロッパ

## 女性の兵役は義務となるのか

文：奈良伊久子
text by Ikuko Nara

PHOTO：Ikuko Nara

中心部のショッピングストリートにあるオーストリア軍の情報センター。パンフレットや様々な情報を得られるほか、アーミーグッズも置いてある。「オーストリアは私たちが守る」と宣言する女性兵士を前面に打ち出してはいるのだが、かなりのんびりした雰囲気で運営されている。

### 停戦のニュースを待ちながら

毎朝起きると、まず国際ニュースをチェックする。眠っている間に話が進んで、ロシアとウクライナが停戦合意してるんじゃないかと期待しているからだ。

ヨーロッパ議会での話し合いなどを見るに、今月初めくらいはもう停戦後にどうするかがテーマになっていたので、すっかりみんな停戦モードに入ったなと思っていたのだが、結局まだ何だかだとぶり返し、今のところ、どうなるかはまだ不明なままだ。

だがどの国も以前から懸案だった軍備増強について具体的な予算案などが上がってきていることは確か。EU議会はせっせとウクライナ支援のための予算を提案しているが、加盟国はどこも自分の国の軍備をどう増強するかに忙しく、加えて結構な数の国々の与党が選挙で大敗したりしていて、軍備に関する発言一つでも、苦労して組んだ連合政権の支持率が大きく下がる可能性もありで、どの国のニュースを見ても今後がはっきりしない。

昨年から議論がヒートアップしている徴兵制についても同様で、大まかなところでは復活の気配濃厚という感じがするが、どう実践するかでみな迷いに迷っているようだ。

現時点でヨーロッパで徴兵制を敷いているのはギリシャ、キプロス、オーストリア、スイス、デンマーク、エストニア、フィンランド、ノルウェーの8カ国。ヨーロッパに入れるかどうかは微妙ながらトルコもそこに加わる。この中でギリシャ、キプロス、トルコは地域的にも紛争問題にしてもウクライナとロシアの紛争とはまた別に主要な課題を抱えている。オーストリアとスイスは中立国。もしウクライナが敗北した場合、ないしアメリカが手を引いてロシア優位な情勢が続くとした場合の懸念を抱えているのは、結局のところ北欧諸国とバルト海諸国で、その国々は元からあった徴兵制を維持していたり、一度は廃止したものの素早く復活させたりしているということになる（次ページ表）。

### 廃止の理由を超えて復活できるのか

北部でロシアと国境を接しているノルウェー、そして長い国境線でロシアと対峙しているフィンランドは、やり方は違うものの、ずっと徴兵制を維持している。スウェーデンは直接ロシアと国境を接してはいないが、北部でノルウェーとフィンランドと繋がっている。第二次世界大戦中はフィンランドからの戦争難民を多数受け入れたこともあり、何らかの形で影響を受けざるを得ない位置

オーストリアは中立国だが、18歳以上の男性に兵役の義務がある。女性は志願可能。山岳地域の多い国だけに、国土防衛には雪山に特化した部隊もある。
写真提供：Bundesheer.at（オーストリア軍）

にはある。

そのスウェーデンは2010年に徴兵制を廃止した。そしてロシアのクリミア侵攻を受けて検討した結果、徴兵制を復活させている。

廃止したのは一にも二にも財政問題だった。廃止時にはスウェーデンを取り巻く世界はそこそこ安定していた。そんな中でも、国中から青少年を集めて短期とはいえ教育・訓練を施し、またすぐに新しい若者を受け入れて教育して、というサイクルを実行するには、それに専従する指導者や教育プログラム管理者・実行者の確保が必要になる。加えて宿舎、食事、制服などなど、年間1万人近くに給与に加えて支給するわけなので、経費も相当額にのぼる。

見方によっては、例えば制服縫製工場などは、毎年手堅く注文があるので経営に不安がないわけで、防衛費が社会に還元されていないわけではない。が、それを考えても利がないと判断した上での廃止だった。

それだけではない。近年の軍隊は過去と異なり、ハイテク武器などが増えたこともあって、昔のように歩兵に鍛え上げれば良いというものでもなくなった。近代的な軍隊を作り上げていくためには、専門性の高い技術者や、その習得に没頭できる高いモチベーションを持った人員が必要になっていることは明白で、それなら徴兵ではなく、志願して入隊する人たちを育成していく方が良いというのが軍の方向性だった。

さらに加えて、徴兵というのがILOの規定する「強制労働」あるいは「懲役」の禁止に抵触するという問題、また短期とはいえ、本人の望む生活を中断させるのは人権侵害にあたるのではないかという議論があり、現在はこの見解が一般的になっている。

これらをすべて勘案して、なおかつ志願兵では不足する人員や能力を補う方法はあるのかと考えた結果が、現在のスウェーデンの徴兵制であり、ノルウェーの徴兵制だ。

## 本人の意志を第一にした徴兵制とは

この2ヶ国の徴兵制は非常に似ている。どちらも徴兵年齢前に質問票を該当者に送り、その回答を踏まえて徴兵対象とするかどうかを決める。本人の意志として「軍隊勤務はしたくない」となれば、対象から外す。

本人の意志が最優先されるので、「人権侵害」と「強制労働」はクリア。そしてその次の段階で体力テストなどを行い、さらに選抜する。適性のある人だけを残す。軍に必要なモチベーションの高い、技術力や専門性を獲得できる能力のある人材が残される。軍の望む方向性はこれで確保される。

ここまでの段階で人数は相当に減っているので、財政的にも重度の負担なく、教育・訓練を施行できる。ノルウェーなら全体の15%、スウェーデンでは年に5000人程度と計算されている。

これなら徴兵にまつわる問題はクリアできているので、現在徴兵制復活を検討しているドイツも、この北欧方式を導入するつもり

| 国名 | 兵役の有無 | 女性 | 実施システム |
|---|---|---|---|
| フィンランド | 18〜60歳の男性全員<br>6〜12ヶ月 | 1995年から志願可能に<br>18〜30歳が対象 | 兵役を忌避する場合には病院や人道支援団体などで347日間勤務 |
| エストニア | 17〜27歳の男性全員 | 2013年から志願可能に | 財政的な問題により、徴兵されるのは年間約3500人。忌避の場合は限られた数ながら社会支援サービスが代替となる |
| リトアニア | 2008年廃止・2015年再開<br>18〜26歳の男性全員<br>期間：6ヶ月〜9ヶ月 | 志願奨励中 | 当該年齢層では毎年志願兵でほとんど数が足りているため、不足分をくじ引きで決定し、徴兵する |
| ラトビア | 2006年廃止・2023年再開<br>18〜27歳の男性全員<br>期間：正規軍なら11ヶ月<br>予備軍なら5年 | 志願可能・国内での勤務のみ | 志願兵の数が多いので不足分はランダムに選択・1年後も選択されない場合には予備軍に登録。忌避の場合は防衛省管轄の組織で社会支援サービス |
| デンマーク | 18歳以上の男性全員<br>期間：4ヶ月 | 今年7月1日より女性も全員が対象に | 現在はほとんどが志願兵で賄えているため、不足分のみをくじ引きで決定。兵役期間は現在の4ヶ月から11ヶ月に延長される予定。忌避の場合には人道支援組織などでの社会サービスにあたる |
| ノルウェー | 19歳以上の男女全員<br>期間：12ヶ月。完遂後は予備登録され、55歳までに7ヶ月を数度に渡って再トレーニングに充てる | 1938年から志願可能だったが、その後文官としてのみの役割に限定され、1985年より男性と同じ条件で志願可能に。2015年より全員が徴兵対象に。 | 17歳の時点でアンケートが発送され、その回答に従って選別。選別されたら体力テストと面接により、さらに選別。実際に兵役に就くのは全体の約15% |
| スウェーデン | 2010年廃止・2017年再開<br>18歳以上の男女全員<br>期間：基礎訓練3ヶ月、その後9ヶ月の専門訓練 | 1989年より男性と同等の条件で志願可能に。2017年より全員が徴兵対象に | 18歳の時点で学歴・健康状態・軍事への関心などについての質問票に回答し、それが軍に登録される。ほぼ志願兵レベルの従軍意志のある層のみが選択され、訓練を受ける |

でいると報道されている。

ノルウェーもスウェーデンもやり方は非常に似ているのだが、多少の違いはある。第一にスウェーデンの質問票回答は軍に登録され、全員の情報を軍が把握できるが、ノルウェーは基本的には「軍事に関わりたくない」という人の情報はよほどのことがない限り消去してしまうらしい。スウェーデンのように登録しておけば、年によって不足するかもしれない兵員を補うことが可能になる。その代わりにノルウェーは数ヶ月の兵役期間を20年余りに渡って義務付けることで、予備兵の能力向上と確保を図っている。

またどちらも男女の別なく徴兵対象としているが、動機は違う。スウェーデンは男女平等の観点から、ノルウェーは人口の少なさから「優秀な人材を選ぶのに人口の50%を排除することなどできない」というのが理由になっている。

現在ノルウェーの女性兵士の割合は、軍全体の30%。それでも女性用の軍服ができたのは、女性も徴兵対象となって10年目の今年だという。
**写真提供：Forsvaret.no（ノルウェー国防軍）**

## 女性が軍隊に必要な理由とは

男女平等を目指すにせよ、優秀な人材をできるだけ広い範囲から見つけ出したいにせよ、女性が兵士として活躍するのに問題があるわけではない。第二次世界大戦でもソ連軍の女性スナイパーや各国の女性スパイの活躍は映画や小説にもなっているくらいだ。

むしろ女性でなければできない任務というものもある。この2国が女性の徴兵を率先したのはだからこそだろうと思う。どちらも国連の平和維持軍に積極的に部隊派遣をしているが、中東の紛争や内戦などの平和監視団などで派兵された場合、男性だけでは困るのだ。

というのはイスラム教徒の場合、女性は家族・夫以外の男性に触れられてはいけないという戒律があるからだ。負傷していようと力尽きて倒れていようと、状態をチェックするのも男性ではできない。抱えて起こすことも、呼吸を楽にするために服を緩めることも当然できない。どうしても女性が必要になる。

各国NGOでも女性スタッフを派遣しているが、やはり危険地域でもある以上、それなりの訓練を受けていないと難しい局面は随時あるだろう。

そうした経験を積んで、女性がもっと従軍しやすくするにはどうしたら良いだろう、どうしたら女性が必要だということを理解して、同等に扱ってもらえるだろうと考えてきた人たちがいるということが、スウェーデンとノルウェーでの女性も含んでの徴兵制につながっているのだと思う。受け入れの基盤準備は十分だったと考えたのだろう。

災害救助支援は軍の重要な任務の一つだが、女性兵士が必要なのは国内より国外かもしれない。宗教上の理由で男性からの接触を拒む女性がほとんどの地域もある。
**写真提供：Forsvaret.no（ノルウェー国防軍）**

だが例えばノルウェーでは約半数の軍属の女性たちが嫌がらせを受けているという報告もある。*1

ノルウェーは女性も徴兵対象にして10年。軍隊の3分の1が女性ということだが、それだけの数になってもまだ女性にとって軍隊は簡単なところではないようだ。

唯一の朗報は、いわゆる「セクシャル・ハラスメント」は減ったということだが、「やっぱり女は……」のような言われ方は相変

第二次世界大戦ではソ連軍の女性スナイパーたちが活躍した。中でも目覚ましい成果を挙げたナタリヤ・コヴショヴァはドイツ軍に捕獲されそうになって自刃。伝説的な存在となった。

わらずあるそうだ。現在は調査では性的な嫌がらせも含め「性別に起因する嫌がらせ」というカテゴリにしているが、セクシャル・ハラスメントのような身の危険は感じないにしても、個人として見てもらえず、女というカテゴリーで一括りにされ、さらに侮蔑的な言葉を吐かれるとしたら、精神的にはその方がこたえるかもしれない。

同じ評価基準を経て選抜されたはずなのにこれでは、国民皆兵になったらどうなるのだろうという懸念が生じる。徴兵復活を計画している国々が女性を対象にするかどうかを迷うのも、この辺りの対処方法がしっかりと見つかっていないからではないだろうか。

その点ではノルウェーとスウェーデンは先進国となるわけで、調査も含め、各国の検討材料となるような情報提供、そして解決策としてどんなプロジェクトを行なうべきかを率先して示す立場にあると思う。

## 教育の機会としての兵役

フィンランドの完全徴兵、スウェーデンやノルウェーのような昨今の議論を踏まえた上での新しい徴兵制度とはまた一線を画しているのが、同じ北欧のデンマークだ。

デンマークはロシアからはそれなりに距離があるので緊迫感は他の北欧諸国とは違うのはもちろんだが、ニュースを見る限りでは、かなり軍備増強には積極的だと感じる。

とりあえずもしかしたら侵攻されるかも、の恐れは相当に低いデンマークなのだが、自治領となっているグリーンランドやフェロー諸島は遠く、守らなくてはならない海域は広い。なので現在も志願兵で賄えているのに徴兵制はあり、今後は男女平等の観点から、女性も含めてより広範に兵士を集めて行くつもりのようだ。

ただデンマークの場合、兵役というのは国民に課している労役ではなく、教育の機会だと捉えていると言われている。これはノルウェーの初期の女性志願兵たちも言っているのだが、軍隊に入ってそのシステムを体験するということは、通常の生活では触れることもできなかった世界なので、誰もが体験できる制度にすべきだという。

ドイツも同じようなことを言っていて、従軍するということは労役ではなく、教育の機会だとしている。*2

思い返してみると、私が学生としてノルウェーにいた頃には今のシステムではなかったので、徴兵される男子学生たちは本当に嫌々で、雑談しているうちに目が潤んでくるくらい恐怖に囚われていた人たちもいた。

が、同時に「どうせ時間を潰されるなら」とあえて徴兵期間の長い海軍や空軍に入って、各種の資格を取得したり、パイロット資格に必要な飛行時間を確保したりして、その後の人生に役立てていた人もいた。

そういう意味では女性がその利点を享受できないのは不当だし（徴兵なら休職は認められ、元の地位に戻ることができるが、志願であれば退職してからのことになる）、軍として作戦遂行するためにどのような準備をしたり、人心を掌握したりしなくてはならないかというのは、多分に将来どんな分野に行っても有益な体験だろう。もちろんどこでも軍隊式が通用するわけではないが、ある意味極端なパターンを知ることで、自分なりの方法を考えるのは容易になるとも言える。

現在デンマークは徴兵としてピックアップするのはくじ引きによるのだが、ノルウェーとスウェーデンでは、「選抜される」という段階が入ったことで、大学入学よりも狭き門となった。それで徴兵される人は心身共に優秀であるというステータスを得ることになり、そのため兵役を受け入れる人たちが増えたとされている。

北欧の中でも平等観念の高さではトップと言われているデンマークは、そうしたエリート生産にもつながるような徴兵制に移行するか、あるいは教育の機会として今のような緩い公平性を貫くのか。個人的には非常に興味のあるところだ。

## 危機が身近になってみると

もちろんだが、ノルウェーにしてもスウェーデンにしても、そして一番危険を感じているであろうフィンランドにしても、備えてはいるが、ロシアと完全対立しないような関係性を築いてもいる。

ノルウェーは陸だけでなく、日本同様、ロシアとは海でも繋がっているので漁業協定は必要だし、過去にあったような環境汚染につながる問題があれば、直ちに対処しないと自国が被害を受けるので、関係を断ち切るわけに行かない。フィンランドもニュースで見るとかなり強硬な発言をしてはいるが、ロシア人を排斥することもなく、すでにフィンランドに住んでいるロシア人に対しては、言語も含め、権利を尊重して扱っている。

北欧のどこの政府も積極的にロシア政府に対して友好的な態度をとってはいないが、民間企業や組織、もちろん個人がどう関係しようと、軍事物資に関わるようなことでもない限り、大きく干渉はしていない（すんなり停戦にならないので、今後はどうなるかはわからないが）。

ただウクライナ支援のために所持していた兵器を提供してしまったので、兵器や戦闘機を増やすとか最新のものにするとかの話は喧しい。それでも兵力増強のために何かするという話はさほど聞こえてこない。増員したいはしたいのだろうが、今のままでも自然増が見込めるという状態でもある。

が、本当にそうだろうか。私がかつて見た兵役が怖くて青年たちが涙していたのは、その時実際にソ連のアフガニスタン侵攻という情勢が背景にあったからだ。NATOが参戦するか、それとも国連平和維持軍という立場で行くか、ノルウェーの態度は決まっていなかったと思うが、どんな形でも派兵されれば命の危険があるという状態では、不安が極まって涙が出ても不思議ではない。その当時と今は、似たような状況だ。どこでどう駆り出されるかわからない状況で、徴兵されることに抵抗はないだろうか。

2022年時点では、どの国も志願兵が増えたと聞いたが、[*3]その頃はまだこんなに長々と紛争が続くとは誰も思っていなかったと思う。その1年後には、ヨーロッパ最大と言われるポーランド軍から9000人の離職者が出て、あっという間にポーランドは徴兵制を検討しなくてはならない羽目になった。今は国内の男性全員に軍事訓練を、という方向だが、最終的には女性も徴兵対象に考えているという。[*4]

チェコも同様で、人が集まらないわけではないが、辞めていく人数の多さに頭を抱えている。

皮肉なことに、ウクライナとロシアの戦いに武器や資金で支援していた時よりも、停戦するかもという今の方が、各国の軍は平和維持軍として現場に派遣される可能性が高くなってしまった。

シリア内戦で難民がヨーロッパになだれ込んで来た時、ちょうど息子が兵役で軍隊にいたノルウェーの友人が言っていた。

「みんな事情があるんだろうけど、同じ年頃の青年たちが難民としてやってきて保護されて、平和維持軍とはいえ、自分の娘や息子が戦地に行くっていうのは、本人の意志はともかく、親としては納得できないよね」

兵士たち自身もそうだろう。自国が砲火にさらされれば命を懸けて戦うのもやむなしとしても、他国が落ちたら自分たちも危ない、というレベルであれば、そうなる前に政治家がなんとかしてよ、と思っても当然だ。そんなことになる前に国を出ようかな、というのも、EUであればできてしまう。

結局は納得の行く外交政策をとる政府、無駄に軍を派遣しないと信頼できる政府でない限り、徴兵は難しいだろう。志願兵ですら辞めていくような体制なら、女性も徴兵対象にしたとしても、モチベーションを維持して兵役期間を全うする数は減るかもしれない。

教育の機会だといくら喧伝しても、最終的には自分の命がかかっているのだ。国への信頼なくして軍に赴くことはできない。

ノルウェーの次の次の王位継承権第一位のイングリ・アレクサンドラ王女は今年１月に徴兵期間を終了したが，３ヶ月延長して工兵の専門教育を受けている。
(2点とも写真提供：ノルウェー王室)

*1) https://www.ffi.no/aktuelt/nyheter/ny-undersokelse-om-mobbing-og-seksuell-trakassering-i-forsvaret

*2) https://www.bundeswehr.de/en/about-bundeswehr/ranks-and-careers/voluntary-military-service

*3) https://notesfrompoland.com/2023/01/30/polish-armed-forces-recorded-highest-recruitment-in-2022-since-end-of-compulsory-military-service/

*4) https://carnegieendowment.org/research/2024/07/europes-conscription-challenge-lessons-from-nordic-and-baltic-states?lang=en

【なら・いくこ】東京／ウィーンに拠点を持ち、デンマーク・ノルウェー・スウェーデン・フィンランドを中心に、
ヨーロッパでの取材活動・取材補助を行っている。ブログ http://erda-nyheter.blogspot.com/　メール iku@chello.at

# 2025年 ㊗ 国際女性デーQの会院内集会

REPORT

# 議席の半分に女性を！
## ステレオタイプをぶっ飛ばせ!!

3月6日に参議院議員会館１０１会議室において、3月8日の国際女性デーを祝し、議員男女比５０：５０を目指して活動するQ《クォータ》の会主催の院内集会が行われた。

### 議席の半分を女性にと願う全国の女性団体が集結

この日、議員・有識者・全国の賛同する女性団体たちは、黄色のミモザカラーを身に付けて集結。

この集会を主催したのは「クォータ制を推進する会」。「議席の半分に女性を！ステレオタイプをぶっ飛ばせ」と元気の良いタイトルで、国会議員41名（他に秘書34名）を含む160名の参加を集め、熱気にあふれた集会が開催された。

2025年は、女性参政権から80年、国連の女子差別撤廃を推進する世界の女性が集まった北京会議からは30年となるが、日本のジェンダーギャップ指数は147か国中の118位で、政治分野は113位とG7で最下位の状況にある。政治分野における男女共同参画法が施行されてはいるが、衆議院議員の女性割合は15・7％で国際的に残念な状況にある。

まず山崎摩耶さんの司会で始まり、超党派議連（政治分野における女性の参画と活躍を推進する議員連盟）の新会長となった野田聖子さん（衆議院議員）が多様な選択肢を持つ女性たちが、政界の半数を占め活躍する時代を願い熱意のこもった挨拶を行った。

その後、前会長の中川正春氏が理念法だけでなく具体策としての政策提案が重要になっていくので、具体策としてのクォータ制について、各党から提案が出されていくことへの期待が語られた。

◆第1部では「周回遅れのニッポン！ダッシュの春にしよう」と各界（労働組合・経済界・若手アクティビスト・ジャーナリスト・有識者賛同団体など）からのリレートークが行われた

◆第2部は各党から登壇で「参議院選挙での女性候補割合やクォータ制義務化の法改正等の取組みについての賛否が報告された。

◆第3部は内閣府からの「政治分野の女性参画推進についての行政報告」が行われ、市町村議会では女性ゼロ議会が224に上ると報告された。

諸外国の国会議員に占める女性比率において日本は15・3％。韓国の20・3％にも劣り、日本は先進国最低の状況で、改善が急務であることが示された。

最後はQの会の大山礼子Qの会顧問（駒澤大学名誉教授）の今後に向かっての各政党と活動団体の活動に期待することばが語られ終了した。

カルティベータ※5周年記念・女性スポーツ勉強会#21

REPORT

# 「女が女のスポーツを考える」

**日本のスポーツ界では、「女性のスポーツ」についての研究や理解が遅れており、多くの課題や改善すべき点がある。**

**スポーツは、人間の心と体の健康を維持・推進する大切な分野だが、男性中心の歴史があるため、オリンピック委員会や競技団体では女性理事不在の時期もあった。女性アスリートの人生や健康に配慮しない指導法が行われた頃もあった。2014年から息長く勉強会の開催を継続してきた宮嶋さんが、5周年記念の勉強会をレポート。新時代の「女性のスポーツ」を考えてみよう！**

REPORT 宮嶋泰子
スポーツ文化ジャーナリスト
（一社）カルティベータ代表理事

※カルティベータは耕す人という意味。一般社団法人法人カルティベータはよりよく生きるための基礎作りをするために設立された。代表理事の宮嶋泰子さんは、テレビ朝日のアナウンサーであった2014年から女性のスポーツに着眼。勉強会を企画しスタートして今回が21回目となる。

**カルティベータ5周年を記念する21回目の勉強会は、3月8日に、東京青山のウィメンズプラザで開催された。**

SNSの投稿で、あるラグビーの指導者がつぶやいていた。「初めて女子を指導して面食らった。ボールの投げ方が男子と全く違うのだ」

この言葉をきっかけに、徹底的に女性のスポーツの特徴は男子とどう違うのか話し合ってみたい。そんな思いで「カルティベータの5周年を記念する女性スポーツ勉強会#21・女が女のスポーツを考える」が実現した。

登壇者は柔道の山口香さん、アーティスティックスイミングの井村雅代さん、産婦人科医の高尾美穂さん、女子長距離指導者の山下佐知子さん、内村航平さんの母である内村周子さん、そして、競泳オリンピアン井本直歩子さん、元昭和女子大特命教授広報担当参事の稲澤裕子さん、ファシリテーターは私、宮嶋泰子という布陣。

## パート1 統括団体に女性理事が増え不正を防ぐ体制ができ会議が活発化

国内競技団体の女性理事について、競泳のオリンピアン井本直歩子さんと元昭和女子大学特命教授広報担当参事の稲澤裕子さんが登壇。自ら国内競技団体理事を務める二人だ。東京オリパラを前にした2019年に、スポーツ庁がガバナンスコードを制定し、中央競技団体においては理事の4割は女性にするように目標割合が提示された。達成できない時にはペナルティーとして助成金が保留となることが示され、日本オリンピック委員会や日本スポーツ協会等の統括団体では女性理事は4割を超えた。女性理事や外部理事が増えたことで、不正を防ぐ体制ができ上がり、会議が活性化してきたように感じると当事者としての感想も述べられた。しかし、地方に目を向けると、まだまだ女性理事や女性指導者が不足しており、会議においては男性中心主義が残っていることも事実だ。

## パート2 女子柔道競技スタート時選手自ら監督と細部まで交渉し話を進めた

女三四郎という異名をとり、中学生の時に初段をとった山口香さんが登壇。女子の試合が行われるようになった時期の草分け的存在だけに、一から十まで自分で監督と交渉しながら話を進めざるを得なかったことが語られ、いかに指導者と話をして物事を進めていくことが大切かが語られた。

## パート3 ルール変更で男子も競技に参入 男女身体差を考えた指導方法に

アーティスティックスイミングは男子も出場できるようにルールが変わり、井村雅代さんもつい先ごろまでドイツで男子選手を指導してきたという。浮くために手で水をかく基本動作、スカーリング一つをとってみても、男子は腕の筋肉が多いために、女子と同じような動作ができず、筋肉量が多い分沈みがちになるので、男子のためのスカーリングを考える必要があったという話は興味深かった。男女の身体の作りの違いによって、同じことをする動作も違ってくるのだ。井村さんの講演後、教え子である二村知子さんからどれだけ井村さんが面倒を見てくれたかが語られ、どなっているばかりがクローズアップされがちな井村さんの隠された一面が披露された。

山口　香さん

井村 雅代さん

パート４

## 中学女子の3分の1は一週間に60分の身体活動もしていない！

女子長距離の5人の選手をオリンピックに送り出した女性指導者、山下佐知子さんと、体操競技の内村航平さんの母、周子さんも交えて、全員でのトーク。日本の女子スポーツや身体活動が抱える問題点が議論された。

まず、前提として示されたのが、日本の中学女子の約三分の一が一週間に60分も身体活動をしていないという現実だった。痩せていながら体脂肪が30％以上あるという若い女性も増えているという。どうすればもっと身体活動を活発に行うようになるのかが問われた。60歳を過ぎても体操競技やバレエを行い、子供たちを指導している内村周子さんからの「楽しいという気持ち、それが一番大切。だから長く続けられる」との言葉が全てだろう。学校体育の指導が再考される必要性は大きい。

ディスカッションから「環境」「身体」「人生」の3つのテーマに分けて進められた。

■テーマ「環境」

日本のテレビでは圧倒的に男性スポーツが中心で、女子の競技は露出が少ない。パリオリンピックでは男女の競技が同等に露出するように放送計画が作られたという。英国では近年、「男女のスポーツを公平に扱い、敬意ある報道を心掛けるよう」に変わってきており、その結果、女子スポーツへの関心が高まっているという。日本の放送局や各メディアにはまだその意識が不足している。

また米国には、50年前に制定された連邦法のタイトルナインがあり、公的高等教育機関においては性差別が禁止されて、男女同等の練習環境や奨学金が与えられている。これによって大学アスリートの女子の割合は28％から44％までに上昇。一方、日本の大学スポーツはまだまだ六大学の野球や駅伝など男性スポーツが中心だ。

■テーマ「身体」

男性と女性では身体の作りが異なり、筋肉量も骨の太さも違う。当然、同じ競技であってもスキルが異なってくる。女性の骨盤は男性に比べて横に広がっており、そのためにX脚になりがちだ。膝が内側に入り、足首が外側に曲がると、前十字靭帯断裂の危険性が男性よりも多くなる。予防のための準備運動などもあるので、知識を持ち、しっかり対処すべきだろう。

また、女性の首の骨、頸骨は男性よりも細い。サッカーのヘディングにより脳震盪をたびたび起こし、生活に支障をきたす選手もいる。ヘディングそのものや、男女が同じボールでよいのかも検討の余地があるのではないかという問題提起もあった。

トップレベルでは数少ない女性指導者である山下佐知子さんからは、生理や痛みなどについても細かく話し合ってトレーニングを進めていくことが示された。女子では骨盤の広さの差ゆえか、腕振りは肘を張る傾向があるように感じるとの言葉が印象的だった。

月経周期で排卵期には靭帯が緩みやすく怪我をしやすいことも直近のデータで示され、今後はこうした点を選手自身も指導者も意識しながらのトレーニングが必至になってくるだろう。

■テーマ「人生」

女子のアスリートや指導者にとってのライフイベントは山あり谷ありだが、結婚出産などの経験を互いに分かちあえる団体の存在があることの確認が行われた。

8人の登壇者によるシンポジウムの締めとして、多様性のダイバーシティと、衡平にするエクイティ、そして包摂するインクルージョンの必要性を画像で説明し、最後に、スポーツ社会学の第一人者である菊幸一筑波大学名誉教授からまとめの言葉をいただいた。近代の工業化社会で大きなエネルギーを持っている男性を中心とする神話が生まれ、スポーツそのものが男性スポーツとして生まれてきたので、女性はそれに縛られ強いられる。今後は公平なものにしていくプロセスが必要で、そのためにはルールを変えていく作業が必要だろうとのまとめだった。

今回は男女の違いをキーワードに、スポーツを横断的に考えてみたが、実に多くのことが分かった4時間だった。女子のスポーツには改善点が山ほどあり、より多くの人が楽しめるようにするには、組織的にも、ルール的にも、指導者やスポーツを行う者の知識も意識も変革していく必要があることが強く感じられた。

次回は7月5日（土）に同じく表参道の東京ウィメンズプラザで行われる予定だ。

女性たちの情報化研究会 第23回ウーマンズナレッジ・シンポジウム

# 人生100年時代の「資産寿命」を考えよう

学校で教えてくれないお金の知識、今年のウーマンズ・ナレッジシンポジウムでは、ファイナンシャルプランナーで金融デザイン株式会社取締役の高田晶子氏による講演と、女性たちの情報化研究会メンバーによる「お金にまつわるエピソード」を共有します。皆さんと一緒に人生100年時代に必要な「資産寿命」を考えましょう。

女性たちの情報化研究会は、働く女性の可能性を応援する活動として、2000年にスタート。2002年から毎年シンポジウムを開催。2003年には様々な働き方をしている仲間たちで執筆した『元気で働くみんなの知恵』を上梓。働く上での知恵と具体策についての共著本として出版しました。その本のイントロ部分では日本の少子高齢化の未来を予測し、2033年の日本は、「貧しいがいっぱいの国になる」と警告。社会の高齢化と貧困化は現実となっています。

**司会：藤田香織さん■ファイナンシャルプランナーの高田晶子さんに『人生100年時代の資産寿命の延ばし方』というテーマでお話ししていただきます。**

## 平均寿命・健康寿命に加えて資産寿命が重要です。

私は1996年にファイナンシャルプランナーとして独立しました。前職が不動産の仕事だったこともあって、住宅取得のお手伝いなどをしていましたが、50代60代の皆さんの中にはお金に関しての漠然とした不安を抱えている方が多いと知って、お役に立てることはないだろうかと考えました。

ファイナンシャルプランナーである私たちは、3つの寿命に注目をしています。1つ目が『平均寿命』2つ目が『健康寿命』、そして3つ目が『資産寿命』です。

毎年、厚生労働省が発表する生命表では、『平均寿命』（0歳児の余命）昨年は男性81・09歳女性は87・14歳。2000年と比べると3～4歳延びています。2023年の60歳の平均の『余命』は男性で23・68年、女性は28・91年65歳ですと女性で24・38年、ほぼ90歳、平均でもこのくらい生きるということを知っていただいて、準備をされると良いと思います。

2つ目の『健康寿命』は、『健康上の問題で日常生活が制限されることなく生活できる期間』という定義があります。人の助けを借りずに生活できるということです。令和元年でいうと男性の健康寿命は72・68歳、平均寿命が81・41歳なので、制限のある時期は8・73年。女性は健康寿命75・38年、平均寿命は87・45歳ですから制限のある期間は12年もあるんです。女性は不健康な時期が長いわけです。健康寿命は75歳、私は今62歳ですので、これを知って結構なショックを受けました。

3つ目の『資産寿命』の定義は、『生命寿命や健康寿命と関連して、老後の生活を営んでいくにあたって、これまで形成してきた資産が尽きるまでの期間』。簡単に言うと、貯蓄がなくなるまで、底をついてしまうまでの期間ということですね。資産がなくなったらどうしたらいいのかというと、年金等のフローの収入のみで生活を営んでいくということです。2019年の金融審議会市場ワーキング・グループ『高齢社会における資産形成・管理報告書（案）』の中に書かれています。ほとんどの方が聞いたことがあると思いますが、これが『老後2000万円問題』が勃発した、その元になった文書なのです。総務省の統計局が発表している家計調査の中に、『65歳以上の無職の世帯が生活するのに

●高田晶子さん

**金融デザイン株式会社 取締役**

大学卒業後、信託銀行等を経て1996年FPとして独立。2010年まで女性FP3人で活動、年間300件の相談業務を行う。2010年より現職。長年、個人のお客様の声を直接聞いてきたからこそ作れる金融機関向けコンテンツ作成、失敗しないためのお金の知恵を学ぶ「お金の知恵アカデミー」、「持ち味マネーカード」を用いた個人向けFP相談、「50代60代からのお金と仕事とライフワークの相談室」を展開中。

平均で月に5万円ほど足りない』ということを、あくまで『例として』先出のワーキング・グループがまとめ上げたものですが、『老後２０００万円足りないと政府が言っている』という捉え方をされて問題になってしまった報告書です。情報って本当に怖いなと思いました。とても良い報告書ですのでぜひ検索してご覧になってください。

『資産寿命が尽きた後は、年金等のフローの収入のみで生活を営んでいくこととなる』というのを私は重要なメッセージだというふうに見ています。いくらお金を準備しておかなければいけないかという考えとともに、フローの収入があれば良い、収入がなければ貯蓄をどうしていけばいいかということになるし、どういうことをすればフローの収入を得られるか、皆さんも考えておいていただきたい。年金を増やしておくというのも1つですね。今は70歳まで厚生年金に入れますので、長く勤めるということも年金を増やす方法です。他にもいろんな収入の方法があると思いますので、ご自身のテーマとして考えておきましょう。

人生１００年時代に向けての課題は、健康寿命と資産寿命をいかに延ばすかということです。平均寿命は延びているんですけれども、健康寿命が延びないことには、国としてもいろんなお金がかかってしまうので、平均寿命よりも健康寿命の延びの方をなんとかしたいと、国はいろいろな取り組みをしています。『健康日本21（第二次）21世紀における第二次国民健康づくり運動』には、『栄養、食生活、身体活動、運動、休養、飲酒、喫煙、歯、口腔の健康に関する生活習慣の改善及び社会環境の改善』というのが一つ一つ項目別に表記されていますので、興味のある方はご一読ください。例えば『飲酒』の項目。節度ある飲酒は、1日平均、純アルコールで約20グラムということで、ビールだと中瓶1本、日本酒は1合、ウイスキーはダブル、ワインは1杯です。

それから『歯』がここに出てくることは、注目すべきだと思っています。聞いたことがある方が多いと思いますが、

生涯にわたり20歯以上を保つことで、健全な咀嚼能力を維持できる、

８０２０（ハチマルニイマル）運動と言うそうです。80歳まで20歯を維持しましょうということが提唱されています。

そして、『健康づくりのための身体活動運動ガイド２０２３』には、1日40分以上の身体活動、これは1日約６０００歩ということなんですね。筋トレは週2、3日とされています。座位行動、座りっぱなしも良くないということも載ってます。このガイドもお読みになってください。

50代以降の体と頭と心の健康管理というのは、セカンドライフの収入・支出にも影響してきますから。

いよいよ資産寿命の延ばし方についてお話しいたします。

資産が２０００万円で毎月10万円ずつ取り崩すとすると、16年8ヶ月でなくなります。1万円少ない9万円ずつですと、18年6ヶ月、2年延びます。取り崩す額が少なければ資産寿命は延び、底をつくのが遅くなります。そこに運用というものを加えますと、1%の運用で毎月10万円ずつ取り崩しても1年半長く資産が保ちます。運用3%で毎月10万円ずつ取り崩した場合は23年1ヶ月、3年半以上資産寿命が延びます。運用3%で毎月8万円ずつ取り崩したとすると資産寿命は32年8ヶ月、毎月7万円では41年ということです。

30年資産寿命があると、60歳で90歳、65歳で95歳ということで、だいぶ安心感が出てきます。この『30年』を1つの目安にしていただくと良いと思います。

もし預貯金が３０００万円あるとだいぶ楽になってきます。運用しなくても毎月7万円を取り崩していって35年、運用1%で毎月10万円取り崩しても28年9ヶ月。運用3%ですと10万円ずつ取り崩しても46年3ヶ月、つまりは運用利率が高いほど、そして取り崩し額が少ないほど資産寿命は延びるわけです。取り崩し額が少ないというのは、例えば年金プラス他に何か収入があれば、取り崩し額も少なくなりますね。

●資産寿命早見表

**預貯金2,000万円の場合**

| | | | |
|---|---|---|---|
| 運用0% | 1 | 毎月10万円ずつ取り崩すと・・・ | 16年8ヶ月 |
| | 2 | 毎月9万円ずつ取り崩すと・・・ | 18年6ヶ月 |
| | 3 | 毎月8万円ずつ取り崩すと・・・ | 20年10ヶ月 |
| | 4 | 毎月7万円ずつ取り崩すと・・・ | 23年9ヶ月 |
| 運用1% | 1 | 毎月10万円ずつ取り崩すと・・・ | 18年2ヶ月 |
| | 2 | 毎月9万円ずつ取り崩すと・・・ | 20年5ヶ月 |
| | 3 | 毎月8万円ずつ取り崩すと・・・ | 23年4ヶ月 |
| | 4 | 毎月7万円ずつ取り崩すと・・・ | 27年2ヶ月 |
| 運用3% | 1 | 毎月10万円ずつ取り崩すと・・・ | 23年1ヶ月 |
| | 2 | 毎月9万円ずつ取り崩すと・・・ | 27年0ヶ月 |
| | 3 | 毎月8万円ずつ取り崩すと・・・ | 32年8ヶ月 |
| | 4 | 毎月7万円ずつ取り崩すと・・・ | 41年9ヶ月 |

**預貯金3,000万円の場合**

| | | | |
|---|---|---|---|
| 運用0% | 1 | 毎月10万円ずつ取り崩すと・・・ | 25年0ヶ月 |
| | 2 | 毎月9万円ずつ取り崩すと・・・ | 27年9ヶ月 |
| | 3 | 毎月8万円ずつ取り崩すと・・・ | 31年3ヶ月 |
| | 4 | 毎月7万円ずつ取り崩すと・・・ | 35年8ヶ月 |
| 運用1% | 1 | 毎月10万円ずつ取り崩すと・・・ | 28年9ヶ月 |
| | 2 | 毎月9万円ずつ取り崩すと・・・ | 32年6ヶ月 |
| | 3 | 毎月8万円ずつ取り崩すと・・・ | 37年5ヶ月 |
| | 4 | 毎月7万円ずつ取り崩すと・・・ | 44年2ヶ月 |
| 運用3% | 1 | 毎月10万円ずつ取り崩すと・・・ | 46年3ヶ月 |
| | 2 | 毎月9万円ずつ取り崩すと・・・ | 59年9ヶ月 |
| | 3 | 毎月8万円ずつ取り崩すと・・・ | 92年6ヶ月 |
| | 4 | 毎月7万円ずつ取り崩すと・・・ | ∞ |

▲運用利率が高いほど、取崩額が少ないほど（少しでも他に収入があるほど）、資産寿命は延びる!!

※運用は年利　※端数処理しているので年数は目安です。

●ジャッキー鶴丸さん

（有）ジャネットインターナショナル代表
動画集客プロデューサー

長く編集業を続けていたが、リーマンショックで仕事を失い、売上ゼロに。コロナ禍を機にライブ集客を軸としたオンラインビジネスに舵をきり、2021年より起業家をサポートをする集客コンサルタントとして活動。

## 収入を得て支出を減らし、節約をするのが基本

資産寿命の延ばし方というのが3つあります。1つ目は収入を増やすことです。少しでも収入があると、資産寿命に大きく影響していきます。就職、隙間時間のアルバイト、自分の趣味や特技、それを生かして月に1万円でも2万円でも楽しくお金を稼ぐ、そういう方法を考えていくと良いと思います。

2つ目は支出を減らす。取り崩す金額を減らすということです。固定費の見直しがいちばん有効です。例えば生命保険の保険料や住宅ローン、そういったものが該当します。それらを一旦見直してしまえば支出が減るので、まずそこから始めましょう。

あとは節約です。ご自分が何にお金を使いたいか考えてみてください、生活に潤いを与えるような支出というのは死守していただきたいです。それが分かれば、他のものは削減できると思うんですね。自分の好きなことにはお金をかける。そして、健康に使うお金も、これはケチらないでください。私はジムに通っています。

もう一つは運用です。若い時分に沢山の貯蓄をしておくのも大事なことですが、今やりたいこと、やるべきことを我慢するのはもったいないとも思います。このバランスはちょっと難しいのですが、元手が多くあれば資産寿命が延びます。もう一つは取り崩し始めるのを遅くすることです。例えば20年分しか資産寿命がないとしても、75歳から取り崩し始めれば95歳まで保つわけですよね。それまでいかに長く働くか、収入を得るかです。働けるうちは働くというのも1つの考えです。もちろん、その仕事が好きというのが大前提です。

運用を始めるのは、50代からでも60代からでも遅くはないんです。株式の場合は、リスクもありますので、10年は見ていただきたいと思います。長ければ長いほどリスクの軽減は可能なのです。

60歳の場合ですと75歳から使うお金は、まだ15年ありますよね。80歳から使うお金は、まだ20年あります。75歳から使うお金、80歳から使うお金、そういうふうに分けて考えていただければ、十分に運用に回せるということです。

２０２４年から新ＮＩＳＡで運用を始められる方も増えてきました。もう一つのiDeCoは雇用期間の延長に伴って加入可能期間も長くなっています。どちらも税制優遇です。儲かったものに対して非課税なので、ぜひこういったものも活用していただいて効率的に運用していただきたいと思います。差し迫って使う分のお金は預貯金で用意してあるという方は、iDeCoを使って運用されると良いと思います。

何かしら年金に加入していないとiDeCoは使えないので、自営業の方だと60歳以降は加入は厳しくなりますが、会社員の方なら厚生年金に加入されていますからずっと使っていただけます。これは掛け金が全額所得控除になるので、とっても有効なんですね。ＮＩＳＡは新ＮＩＳＡになってから、積立投資枠が年間１２０万円、成長投資枠２４０万円、年間３６０万円まで拠出できるようになりました。株式の配当金を受け取る時もＮＩＳＡを使えば非課税になります。

私は好きな企業の株は所有しますけれども、それ以外は投資信託を使っています。探していただくと良い投資信託もたくさんあります。1つヒントを申し上げると『日本の年金』は日本株、外国株、日本債券、海外債券を25％ずつ4つ持って運用して大体4％の収益を長いことあげています。これはおとなしい運用例なんです。何もしなければ0％、そんなふうに考えて75歳以降に使うお金を運用すると考えるとＮＩＳＡ、iDeCoも使いやすいと思います。

ご自分が何をしたら幸せなのかということを『棚卸し』して自分らしく収入を得て、自分らしくお金を使うことで、健康寿命、資産寿命を延ばしていきましょう！というのが私からのメッセージです。

**司会■ここからパネラーの山田育子さん、ジャッキー鶴丸さん、山岡礼さんに「お金にまつわるエピソード」について聞いていきたいと思います。まずは自己紹介からお願いいたします。**

**山田育子さん■**私は、ジャパンラーニングという会社に勤めております。『成果を上げるには心の

**▼パネラー**

**●山岡 礼さん**
**株式会社丹青社**
**経営企画センター総務部長**（'24年11月現在）
1991年大学卒業後、株式会社丹青社入社。商業施設やイベントの空間づくりの営業部門を経て、経営企画部門へ。子育てしながら社会人大学院でMBAを取得、2011年に広報部門へ異動。趣味は、ストレス発散と体力づくりを兼ねたランニング。年1回はハーフマラソンに夫婦で挑戦。

**●山田育子さん**
**ジャパンラーニング株式会社**
**講師／EQコーチ**
2011年、10年以上勤めた会社が解散。40代で大きくキャリアを転換したことをきっかけにキャリアコンサルタントとなり、キャリアコンサルタントとして、コーチとして、企業研修や個人のキャリア構築に取り組む。

問題がとても大事である、感情をどうマネジメントしていくか』というスキルに注目して、EQ／エモーショナル インテリジェンス クオシェントを30年やっている会社に、還暦を過ぎて4月から就職しました。ずっとイベントの会社におりましたが40代の時にその会社がいきなり解散になり、そこから10年以上、フリーランスで仕事をしていましたが、ご縁があり、60歳過ぎてから会社員となり給与を得ることもあるんだというお話をさせていただきます。

**ジャッキー鶴丸さん■**私は動画集客コンサルタントをしております。リクルート社出身で、1989年に情報誌の編集のセクションに移って以来ずっと編集畑を歩んで参りました。全国の約3000人の女性起業家を取材して女性誌に記事を書いたり広告制作をしておりました。2003年には編集プロダクションという形で小さな会社を設立しました。ところが、リーマンショックで世の中が不景気になり、私の仕事も激減。そこで、2020年、これからはオンラインの時代だと思い、オンラインビジネスに転向して、2021年に動画集客の講座を始めました。2022年からは女性起業家をサポートするプロデューサーとしての活動をしております。高田さんのお話の中にありました『収入を得ていく』ところでの起業・副業というお話をさせていただきたいと思っております。Amazonから『ひとり起業の成功法則』を共同出版しまして、おかげさまで3000人以上の方にダウンロードしていただいております。もしご興味がありましたらそちらもご覧いただければと思います。

◀ひとり起業成功法則: 好きなことを仕事にした19人が教える夢を仕事に変えるための実践ステップ。

**山岡礼さん■**私は丹青社に新卒入社し現在総務部長をしております。丹青社は商業施設とか博物館とか万博のようなイベント会場のデザインや工事をしたりする会社です。最初は営業職、子供が生まれた後には企画部門、そして広報、今は総務をやっています。会社の中ではいくつかの職務を経験してきましたが、転職経験もなく世間知らずです。お金のことでは、世の中の仕組みとか、会社の制度なんかも知って賢くやっておけばよかったなぁと、最近反省をすることが多いです。今日はいろんなヒントをいただこうと思っています。

**司会■講演を聞いての感想をお一人ずつお願いします。**

**ジャッキー■**平均寿命が約90歳で健康寿命75歳というのを知って、もうすぐだと、ちょっと焦っております。先程のお話の「筋トレ」ですが、私はパソコンの前に座りっぱなしの生活になっていて、筋力がもうすっかり衰えております。「健康にかけるお金はケチらない」というのは、やっぱりジムとかに通わないとダメだなと思いました。それから、先程の2000万円問題。私も2000万円ないと生きていけないんだと焦った時代があったんですけれど、お話を聞いて、少し安心いたしました。私は今、起業・副業をしたい女性のサポートをさせていただいてるので、具体的にどうしていったらいいのかというお話をしたいと思っております。

**山岡■**91年入社でしたのでお金の使い方も、『なるべく節約』というよりは、楽しく、お金も時間も使いたい世代と表現していただいて納得しました。自分の趣味や得意なものを生かして『楽しくお金を稼ぐ』その方法を見つけるというところに共感しました。私はずっと同じ会社で働き続けてきたので、見つけ方がわからないということはありますが。

**山田■**資産寿命の延ばし方というテーマからすると、もっと『お金をお金を』って言う話なのかなぁと思いましたが50代~60代にフォーカスすると、いかに健康寿命を保つかということが大切なんだと、改めて思いました。いちばん響いたのは、『健康に使うお金はケチらないでください、節約は大事だけれど』とおっしゃったこと。お金の使い方の方針を自分らしく持つことが大事だと、学ばせていただきました。

**司会■ご自身の資産についての考え方、過去のエピソード、成功や失敗、悩みなどをぜ**

**ひご紹介していただきたいと思います。**

山岡■先程も少しお話ししましたが、世間のさまざまな制度とか会社の中の制度、保険の制度や持ち株会など、いろんな制度をうまく使ってこれなかったという後悔はあります。自分自身としては、娘が生まれた直後くらいに、自分のこれからに不安があり、同じ働き方ではだめだと悩んだ時期に『社会人大学院』に通ったことがありました。貯金を崩して行ったんですが、その経験から、働き始めた後でも勉強を続けること、本を読んだり、いろんな人の話を聞くと学べるんだとわかったんです。あの時に『社会人大学院』に時間とお金を使ってよかったなぁと思いましたね。

それから別の学びのエピソードですが、歳をとると昔の洋服が合わなくなってきたり、体型が変わってきたりするんですね。時に応じて自分に似合うというか好きな洋服をちゃんと着るために、広報の時代にお知り合いになったイメージコンサルタントの方に選んでいただいたことがありました。『心の潤い』として、自分の好きな色とか、お気に入りのものを持って出かける。そのことで、ちょっとだけ自信が持てたりするので、そういう『物への投資』も大切だと思います。

**司会■大学院の費用はどのくらいかかったのですか?**

山岡■今から20年前は2年間で年間150万円位だったような気がしますが、今は授業料も上がっているかもしれません。

山田■自分を喜ばせるコーディネートですね。周りに好印象を持ってもらえて、自分も楽しめる価値のあるお金の使い方ですね。社会人としての軸も持っていらっしゃるんだと思いました。

ジャッキー■そういう方が職場にいるとその後に続く方が、『山岡さんみたいになりたい』とかキャリアパスを描きやすい。残念なんですが私には、この方みたいになりたいとキャリアパスを描けるような方が周りにいなかったので、我が道を行って、失敗したこともありました。山岡さんは、いいモデルケースになりますね。

私は編集畑でずっと仕事をしていましたがリーマンショック以降、急に仕事が減りオフィスも2つ持って駆け回ってたんですけど、オフィスをどんどん縮小。自宅をオフィスにするという状況に追い込まれ一時は自分の給料も出るのか?みたいなことになりましたが、おかげさまでオンラインの仕事に切り替えたら自宅で打ち合わせ含め何でも仕事ができるようになりました。50代のうちは良かったのですが60代になってから、いつまで私は働くんだろう?いつまで働けるのかな?っていう不安が、ひしひしと出てきたんですよ。人生100歳時代なので、仮に100まで生きちゃったら、あと30~40年私は何をやったらいいの?みたいな不安が出てきたんですね。体力の衰え、ほんとに変なところでつまずく、すぐに疲れる、すぐに座っちゃう。階段を避けてエレベーターをすぐ探す。そして膝が痛い、なんかのコマーシャルみたいに不具合が出てきてお金が出ていくばっかりになっちゃうんですよね。同じような心配を私のセミナーに来る50代終わりから60歳の方々が抱えておられます。

日本政策金融公庫の調査*では起業したい理由の第1位が、『収入を増やしたい』です。第2位が『自由に仕事がしたい』そして第3位が『自分が自由に使える収入が欲しい』ということです。結局は『自由とお金』なんですよね。私は今、起業や副業のサポートをさせていただいていますが、まだ会社員で辞めないけども、ゆくゆくは起業したいと言う方がすごく増え、おかげさまで私の講座もいつも満席になっています。集まった方々にお話ししているのは、これは自分にも言い聞かせてるんですが　ポイント①『やる気と勇気』『ビジネスはマインドが9割』ポイント②『仕組みづくり』です。やみくもに起業しても失敗することが多いので、やはり失敗しない仕組みを作ることが大事です。自分が失敗を積み重ねたおかげでここに至っているといったところです。

山岡■世の中のコミュニケーションが変化した段階で、たおやかにお仕事のフィールドを変えられたのは、ほんとにすごいと思いました。今までの経験を活かして本も売れていらっしゃるし。

**司会■山田さんは会社解散からフリーランスでいらして、最近社員になられ、また、ご自分の投資口座を持つようになった、そのエピソードをお願いします。**

山田■資産運用について何も考えていないタイプで本当は恥ずかしいんですけど。最初のきっかけはやっぱり会社の解散で、毎月、定期的に入っていた金額がいきなりシャットダウンすることに40代で遭って、どうすればいいんだろう?と。そこで少しずつ再就職を考えてはいたんですけど、あまりに精神的にショックが大きく気持ちが湧かなくなるところまで来たので、仕方なく私はフリーランスになっちゃったんです。でも人生って結構そういう失敗とか、ライフイベントとか、そういうショックなこともチャンスに変わることがあるんです。私はお金のことも少し考えるようになったし、自分の人生で何が大事なのかということも考えるようになりました。私はもともとイベント屋だったので、そのまま2011年からフリーランスでイベントの仕事をやっていました。その頃やっと、CSV（クリエイティング シェアード バリュー）という、資産を『その志に共明して自分が応援したいところに投資をする』という考え方に出会ったんです。その頃は、まだNISAとかも、みんながやっていなかった時代で、投資というと『きった！はった！』みたいなイメージで興味なかったんですが、そういうのだったら私も投資をしてみたいと思い始めたんです。自分でどこに投資していいのかわからないけれど、たまたまCSV的な考え方の人をたくさん呼ぶとか、ビジネススクール通いをしていた時に知り合った運用会社さんとか、この方だったら良い会社に投資してくださるに違いないという会社が2社あって、そこに口座を開設して、それで続けてきたんです。

今年いきなり、60歳過ぎてから就職したきっかけは、私がキャリアコンサルタントやコーチングをやっていく中で、EQを取り入れてみたらもっとステップアップできるんじゃないかと話をしたら、社長に「社員になってください」と言われたことです。自分がどんな仕事をやっていきたいとか、どういう人生を送りたいかということをずっと持ち続けていると、こんなふうな出会いのチャンスもあるんだと思います。自分の体力が落ちても、会社員になると若い人の知恵を得たり共に挑戦もできるんです。自分の生き方を大切にして興味を持ち続けると、チャンスもくるし、安心も得られるんじゃないかと思うんです。そのベースにはやっぱり健康寿命という、心も体も健康であることが大事だと思っています。

私は、会社が解散になった時も健康に関する出費をケチらず気功を続けました。だから健康なのかなと思っています。

## 仕事は変化することがあっても健康を大切にしていく

**司会■健康に関するお話、そして応援したい会社に投資するという考え方については、資産運用ということでファイナンシャルプランナーとしてのご意見を高田さんに伺いたいと思います。**

**高田■**東日本大震災のあと「皆さん日本に投資してください。あなたの投資が日本を助ける」という話を聞いて、そういうお金の回し方があると知りました。自分のお金を寄付するとか、自分が犠牲になって何かしなければと思ってるところに、「運用をする」ということでも貢献できると。それから興味を持ち始めて私もいろんなところをiPhoneで探してやっているんです。最近はオルカンS&P500というところにほとんどのお金が流れているんです。今の若い人はYouTubeとかそういうところから。でも、この2つにお金を流していると日本は潤わないんです。若い人はよく考えていい投資会社を探してほしい、何か見つけて、楽しみながら『運用に魂を乗せる』のです。私は運用も楽しんでいます。

**司会■山田さんのお話を聞いてのご意見を一言ずつお願いします。**

**ジャッキー■**山田さんは会社が解散するという憂き目に遭ったにもかかわらず、資産運用に着目した考え方と、自分が何をやりたいのか、をしっかり持っていたところがすごいなぁと思います。私自身は資産運用について考えたことがなかったんですが、お金を上手に運用していくことも考える時に来ていると思いました。

**山岡■**初めからCSVとかそういうところにアンテナの感度を合わせていらしたというところがすごく印象的でした。CSRがCSVになりSDGsになり、サスティナビリティとかどんどん世の中の使われる言葉は変わってきているけれど、根底は変わってなかった。そういうところをキャッチするアンテナを持っておられる。だから出会いやチャンスがめぐり会えるんですね。翻って自分のアンテナはどれぐらい立ってるのかなとも。学ばせていただきました。

**司会■人生100年時代ということで、これから取り組んでいきたいことや準備していこうと考えていることをお聞かせください。**

**山田■**いかに健康寿命を延ばすかというのは意識してやっていくべきだと思っています。ずっと続けてきている気功はこの先も続けようとも思います。身体活動40分とか、そういう統計も知って自分の体を見ていく。そして、EQをやっていて心の問題というのは特に年齢を重ねると健康に関係すると思うんですよね。いかにやりがい・生きがいを持ち続けるかとか、これが好きだと思えることを持つ。それがいちばん大事だと思っています。会社員になってフラットにいろんな人の意見を聞きつつ、時代の流れも読みながら生きていこうと思います。先程「収入を持つ、支出を減らす、運用をする」というお話がありましたけど、できるだけ安定して長く自分で稼ぎ続ける、それを延ばしていきたいというのが私の思いです。

**ジャッキー■**去年がむしゃらに働いて働いて3回倒れたんです。それで、気持ちは40代50代のままなのですが、そういうふうに働いてはいけないと気づきました。編集の仕事で、いろんなことを並行しながら作業してきたのですが、もう無理がきかないと自覚いたしました。今は、一つ一つを大切にしようと思っています。起業・副業なさりたいかたの目的である『自由に使えるお金と時間』ということで、私の場合は、1年間を2つに分けて、4月から7月、ここでは仕事をしてお金を稼ぐ、そのマインドは大事なのでそこは保っていく。仕事はチーム戦なので、そのつながりを作る、AIの活用などをする。残る8月から3月までは体調管理、会社の決算や自宅の断捨離をすると決めたんです。

山岡■短い時間の中でもたくさんのヒントをいただいた気がします。先程の『運用に魂を載せる』、すごく素晴らしいなと思いました。もちろん体の健康もそうだし、心の健康も大事だと思うんですけど。今日のテーマのベースに、ウェルビーイングという、もう一つの『社会的な幸せ』と言われているのがあると思います。資産運用を通じても国や社会にも貢献できるということに、つながった瞬間でした。

## これからは複数の収入源を持っていく時代

高田■パネラーのみなさんは、それぞれがキラキラしておられますね。山田さんから、なかなか計画が立てられないという話がありましたが、目の前のことを一つ一つこなしている中で、チャンスが生まれたり、見えなかったものが急に見えたりすることもあると思うんです。

ファイナンシャルプランナーとして、何年か先までのお金の計算書を作りますが「これは机上の空論だからだからね」と言ってるんです。ほんとに来年になると何が起こるかわからない。先々のことを考えすぎず、まずこの1年とか2年をどう大切にしていくかです。また、鶴丸さんがサポートされていることは、すごく重要なことだと思います。これからは、収入源をいくつか持つことも重要だと思います。他にも収入源があると安心ですので、可能性を広げて重要なことに取り組んでいかれると良いと思います。

## 私のお金対策 情報交換 日本の女性は【お金】の情報交換をしないので知識が足りない！

女性たちの情報化研究会 代表 渡邉嘉子

**◆不動産をローンで買う：**私は、家計簿をつけず「銀行の通帳が私の家計簿!」と言ってきました。お金のことを考えたくなかったのです。母が「お金を貸すなら1万円まで。貸したら返ってこないと思った方がいい」と忠告してれていたので、大金を貸したことはなく、断る時は「催促するのが死ぬほど嫌いだから貸さない」と言って理解を得てきました。

仕送りの学生時代から結婚するまでアパート暮らしだったので結婚を機に一戸建てに住みたいと、ローンで練馬区の小さな18坪の中古住宅を780万円で買いました。15年後その家は3100万円で売れ、それを頭金に7800万円の新築住宅をローンで買いました。私はお金を持つとすぐ使うタイプだったのでローンは貯金のつもりでした。

**◆株やファンドはあせらず長く持つ:**私が長く勤務したリクルートは早く独立する人が多かったけれど、私は伝票管理が苦手なのでずっと会社にいようと思いました。その結果、社員持ち株会で少しずつ買い足してきた500円だった株が、定年の時に9000円に。リタイア後の活動の原資を取得できました。

**◆失敗は大切な経験。悔やまず次の対策を考える：**今までファンドやレジャー会員権を薦められ失敗したことはあるけれど、不動産で失敗したことはありません。駅近くの立地の良い不動産を信用できる会社から買えば、ほぼ失敗しないと思っています。株は時代感覚を磨くつもりで少し持っている程度。私はお金を感覚で手堅く管理してきたタイプだと思います。長く持ち続けたファンドは「季刊オピニオン・プラス」を発行し続けるからと、全て分配型にし、12年後には投資した金額以上のお金を受けとれている状態になっています。

シンポジウム コーディネーター 藤田香織

今回のシンポジウムでは私自身が取り組んだお金に関する事例をご紹介しなかったので、誌面をお借りして次の4つの話題をお伝えします。

①個人年金　②投資信託　③金とプラチナの購入　④百貨店の株主優待と友の会　①個人年金に加入したのは23歳の時。知人がたまたま大手生保のセールスレディになったから。月々5000円程度の保険料で、50歳頃に前納を完了し、支払った金額は総額約230万円。60歳から毎年60万円ずつ10年間支払われる予定です。（繰下げにすると支給総額がもっと増えるらしいので、検討中ですが、公的年金と同様に雑収入なので、税金がやや気がかりです）②今では新NISAで投資信託を購入される方が増えていますが、私は会社員を辞めた2001年から始めました。ある商品は10数年で3倍くらいになったので、その時は新車を現金で購入しました。③将来の貨幣価値に関係ない商品も持っておきたいと、金とプラチナを毎月1万円ずつ購入しています（老後のため）。但し換金する際には税金もかかるのでその点は注意が必要と考えています。④自分の欲しいものや食べたいものを好きな時に気軽に購入できるように、百貨店の株を持ち（株主優待で常に10%引き）支払いは友の会（1年間の積み立てで13か月分の金額がチャージ）を利用しています。複数ある百貨店から「高島屋」を選んだのは、自宅から近い上に、出張先（名古屋・京都・大阪）で洋服を購入する時も便利。さらにオンラインでも利用可能なことがメリット大です。①だけは過去の遺物ですが②〜④は今からでも誰でも利用できるので、気になる方はぜひ調べてみてください。

人生100年時代の　女性ネットワーク紹介！

# 徳島県小松島市の「プラチナライフクラブ」は、時代を先取りした視点で取り組み、誰ひとり取り残さない活動を展開中！

「プラチナライフクラブ」は、2008年に現会長の中央子さん（小松島市在住82歳）が、県庁初の女性理事であった山本滝子さんの協力を得て設立した女性のネットワーク。シルバーを超えたプラチナクラスの価値ある人生100年時代を実現しようとスタートした。

会の目的は、「会員の自立をお互いに支え、ネットワークを拡げ、地域の人々と連携し、より一層の生活の安定と向上を推進すること」。令和6年の会員は65名、会費は年500円。時代感覚のある先進的な取り組みを続けてきた中さんのアクティブな挑戦を紹介しよう！

## 三つのモットーのもと活動は全ての市民に開放

**モットー❶一人ぼっちにさせない**（無縁社会解消なんて大きなことは言わないけれど）

**モットー❷老いてますます健康や財産を守りたい**（お互いに連携をとり、学習を重ね消費者被害に遭わないように守り合う）

**モットー❸エコ生活をサポートしたい**（環境問題を意識し楽しみながら学習・手芸を行いボケ防止をする）

## 多彩な活動・行事をアクティブに展開している

❶お接待。振り込め詐欺防止キャンペーンの呼びかけを行う
❷毎月1回の「暮らしの講座」を開催
❸エコ手芸講習会・チャリティーバザー
❹各種団体での講師活動
❺勉強会・見学会・年1回の研修旅行
❻パソコン講座

## 毎年年間テーマをつくり活動を企画

2024年の年間テーマは、「高齢社会を元気に生きる」。2025年のテーマは「体の基礎作り」で、毎日の食事・フレイル予防、熱中症予防・睡眠、腸とストレス、笑いヨガ、薬とサプリメント、肌のトラブル等の講座が持たれた。

## バザーの収益金は被災地などに寄付！

会員たちの安全で健康な人生を守り、手作り手芸作品を加えたチャリティーバザーやパソコン等の勉強会を開催して社会貢献もしながら活気ある人生100年プラチナライフを実現中。

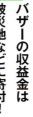

モダンでハイカラ 少年少女の夢を育む 大正浪漫双六シリーズ第一回「少女の浪漫」①

# 西洋文化と日本の伝統美の融合 モダンで優美な大正浪漫双六シリーズの始まり

築地双六館館長 吉田 修

## 大正浪漫とは?

大正浪漫とは、主に大正時代（1912〜1926）に流行した、日本とヨーロッパのデザイン様式の融合によってできたモダンでロマンチックな文化のことを言います。その領域は、絵画・挿絵、建築、家具にとどまらず、モダンボーイ・モダンガール、カフェなど、広く社会風俗にまでも及びました。これらは、憂いある甘美な女性の姿、洗練された都会の生活、西洋文化と日本の伝統美の融合、リベラルアーツを重視した教養主義など旧来にない新しい時代の大衆の願望であり美意識でした。

## 大正浪漫双六の価値

双六には時代の価値観が鋭く反映され、各時代の風俗や夢と憧れが誰にもわかりやく描かれています。一方で、明治維新から太平洋戦争の終焉までは戦争の歴史でもあり、暗い世相や国家思想を反映した双六も多く、良妻賢母教育、軍国少年教育などにも利用されてきた経緯があります。そのような双六コンテンツの歴史の中で、大正浪漫時代の双六は自由で華やかであり、ひと際異彩を放っています。特に少女雑誌の付録で取り上げられた双六は、優美で感傷的な筆遣いと淡く流麗な色遣いで描かれており、現代にも通用する芸術性を持っています。今日で言う〝癒し〟の効果をその時代に与えているように思います。

## 岩田専太郎の挿絵芸術

本双六は大正ロマンチシズムの旗手の一人であった岩田専太郎（1901〜1974）の作品です。彼は、東京浅草出身で、菊池契月、伊東深水に師事した後に、「専太郎張り」と呼ばれる画風の美人画を確立しました。読者諸氏もご存じの小説の挿絵も多く手がけました。吉川英治『鳴門秘帖』、大佛次郎『赤穂浪士』、松本清張『西郷札』、三島由紀夫『幸福号出帆』、笹沢左保『木枯し紋次郎』などです。

時代を表出する文学に独自のデッサンの挿絵で切り込んでいったのです。

## 『竜馬がゆく』の斬新な挿絵

彼の真骨頂は、昭和37年（1962）から昭和41年（1966）にかけて「産経新聞」に連載された司馬遼太郎『竜馬がゆく』の挿絵でしょう。当館で所蔵するいくつかの原画から、二つの挿絵を紹介します。資料①は連載404回竜馬が勝海舟に会う場面、資料②は連載949回寺田屋騒動の場面です。カメラアングルを駆使したような印象深い作品です。

## 女性美を追求した抒情双六

本双六では、女性美の探求者岩田専太郎が、世界を舞台にした抒情歌の歌詞に挿絵を添えています。独特の憂い顔の女性が各国の華麗なファッションを身にまとっているアールヌーボー調の絵双六の傑作です。少女時代を過ぎても、ずっと手元に置いておきたくなる気持ちがわかります。登場する15の歌は当時の流行歌。『朝鮮国境の歌』『アラビヤの唄』『黒い瞳』『モンパリ』『流浪の旅』『からたちの花』『森の娘』『君恋し』などです。岩田の描く女性は、長い睫毛と見事なプロポーションの美人です。この画風が当時の少女の異国への憧れを掻き立てたのでしょう。モンパリの娘、測ってみたら九頭身でした!

## 振り出しは『出船の港』

双六の構成見てみましょう（表①）。ふり出しは『出船の港』。柱に寄りかかり遠くを見つめる風情の女性。ドンとドンとドンと浪のり越えて〜♬と日本の男性オペラ歌手の草分けである藤原義江《ふじわらよしえ》の歌声が聞こえてきそうです。

表①　■小唄レビュー抒情双六の構成

| | | | | | |
|---|---|---|---|---|---|
| からたちの花 | 神田小唄 | | 森の娘 | | 沓掛小唄 |
| | 青空 | 上り 波浮の港 | | 君戀し | |
| モンパリ | 流浪の旅 | | | 紐育行進曲 | ふり出し 出船の港 |
| | 黒い瞳 | アラビヤの唄 | 水藻の花 | 朝鮮國境の歌 | |

▼双六の概要　**小唄《こうた》レヴュー抒情《じょじょう》双六《すごろく》**

画:岩田専太郎　編集兼発行人:森下岩太郎　印刷者:大橋光吉、印刷所:共同印刷　昭和4年(1929)　発行:博文館『少女世界』1月号の付録　サイズ(cm):縦55.0 × 横80.0

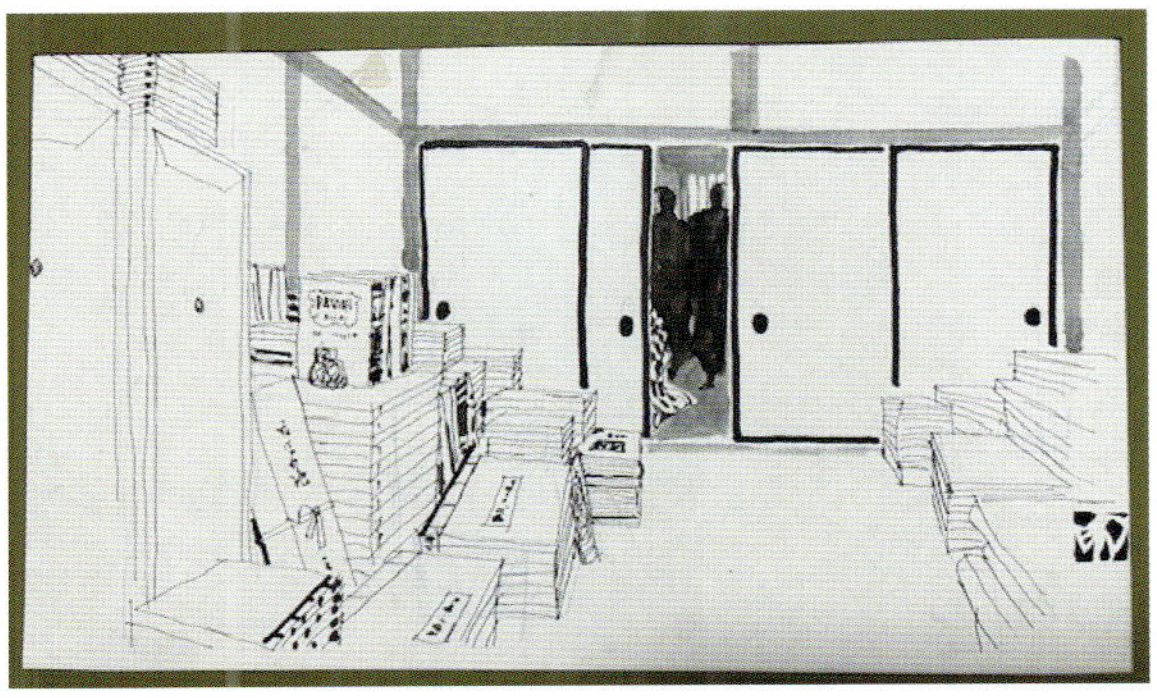

資料①連載404回竜馬が勝海舟に会う場面 サイズ(cm):縦17 ×横28.5

▲資料②連載949回寺田屋騒動の場面 サイズ(cm):縦17 ×横28.5

## 上りは「波浮《はぶ》の港」

上りは3人の少女が小船の周りに風情ありげに集うコマ。♪波浮の港にゃ　夕焼け小焼け♪の名調子ですが、作詞家の野口雨情《のぐちうじょう》は、たった1枚の写真を見てこの詞を作ったといわれています。実は波浮の港からは沈む夕日は見えないそうです。

## ジャズの名曲「紐育《ニューヨーク》行進曲」

原曲は1924年の「I'm Gonna Bring a Watermelon to My Girl Tonight（今夜あの娘に西瓜を持っていこう）」。軽快で陽気なジャズです。当時のアメリカは、狂騒の20年代と呼ばれ、空前の大繁栄を遂げ、大量生産・大量消費の生活様式が確立し、ラジオ放送やレコードが普及しました。

なお、この双六が作られた年には、田中義一内閣が総辞職し、濱口雄幸《はまぐちおさち》内閣が成立し、アメリカでは、フーヴァー大統領の就任後、ニューヨーク証券取引所で株価が大暴落し、世界恐慌の引き金となりました。

モダンでハイカラ 少年少女の夢を育む 大正浪漫双六シリーズ第一回「少女の浪漫」②

# 懐かしい日本の風土と花鳥風月を抒情豊かに歌い込んだ歌詞が展開する双六

## 童謡、唱歌、文部省唱歌の違い

童謡とは、民間で伝承されてきた「わらべうた」を除き、大正後期以降に西洋音楽を取り入れながら子供用に作られた歌のことです（外国の子供の歌を訳したものも含む）。

唱歌とは、明治維新後に、学校の音楽教育のために西洋音楽を取り入れて作られた歌のことで、旧制学校の音楽の授業を指す科目の名前であり、そこで教える歌のことも唱歌と言いました。

文部省唱歌とは、唱歌の中でも、明治から昭和にかけて当時の文部省が編纂した尋常小学校、高等小学校、国民学校などで音楽の教科書に掲載された歌のことです。但し、これは文部省が定めた正式名称ではありません。

余談ですが、文部省唱歌には作詞・作曲者名がなく、「文部省唱歌」あるいは「作者不詳」と記されている歌も多くあります。尋常小学唱歌などに収録された唱歌（全120曲）は、全て日本人による新作でしたが当時の文部省は、「国」が作った歌であるということを強調したいがために、「作詞・作曲者に高額な報酬を払う代わりに、作者名は公表せず、また作者本人も口外しない」という契約を交わしたということです。戦前の文部省の傲慢な性格が表れていますね。

## 楽譜を掲載した『赤い鳥』

日本の近代児童文学・児童音楽の創世期に最も重要な影響を与えたのは、鈴木三重吉が大正7年（1918）に創刊した童話と童謡の児童雑誌『赤い鳥』です。彼は、「芸術味の豊かな、即ち子供等の美しい空想や純な情緒を傷つけないでこれを優しく育むやうな児童文学」を子供たちに与えたいとして、これを「童謡」と定義づけしました。創刊号には芥川龍之介、有島武郎、泉鏡花、北原白秋、高浜虚子、徳田秋声らが賛同の意を表明し、表紙絵は清水良雄が描きました。同年11月号に西條八十の童謡詩として掲載された『かなりあ』に、成田為三の作曲した楽譜の付いた童謡が、初めて翌大正8年の5月号に掲載されました。この5月号の楽譜掲載は大きな反響を呼び、音楽運動としての様相を見せるようになりました。この後、童謡普及運動や児童文学運動は一大潮流となっていったのです。

## 四季折々の少女と童謡

本双六は、当時歌われた5名の作詞家（表①）による童謡の歌詞を、四季折々の少女の可愛い姿絵とともに14のコマに散りばめたものです（表②）。

ふり出しは、織田《おだ》子青《しせい》が作詞した水雛《みずひなげし》。この花はウォーターポピーともいい、昭和初期に導入された外国産水生植物です。ヒナゲシに似た黄白色の花を咲かせるそうです。以降、ひがん花、鷺、螢草、ふたつ星、昔と今、ほのほ木、水

表① ■本双六に登場する作詞家の略歴

| 作詞家 | 生年没年 | 略歴 |
|---|---|---|
| 濱田廣介（はまだひろすけ） | 明治26年〜昭和48年 | 山形県出身。日本児童文芸家協会初代理事長。代表作に『泣いた赤鬼』『椋鳥の夢』『竜の目の涙』などがあり、一連の作品は「ひろすけ童話」と称される。坪田譲治、小川未明とともに「児童文学界の三種の神器」と呼ばれた。自作の詩『日本橋から』は古賀政男が無断で曲をつけ、佐藤千夜子の歌でヒットした。のちに著作権法に抵触すると聞かされた古賀が廣介に謝罪したが、当の本人はそんなことも知らず、二人で大笑いしたというエピソードがある。 |
| 二宮龍雄（にのみやたつお） | 不詳 | 秋田県出身。能代中学、旧制第四高等学校へ進学。卒業後に能代中学で英語を教える。数々の童謡の他、寮歌や応援歌も手がけた作詞家である。 |
| 織田子青（おだしせい） | 明治29年〜昭和59年 | 愛媛県出身。書道家、詩人。小学校教師をしながら、童謡を書く。大正11年、童謡集『銀の種』を婦人文化研究會から発行。今治市に在住し、大正15年、孔版術大成を今治実科高等女学校から発行。昭和3年、書道界の一大組織 書神会を創設 。昭和31年、書道誌書神発行。書家偽庵先生傳を書神会から発行。 |
| 野口雨情（のぐちうじょう） | 明治15年〜昭和20年 | 茨城県出身。詩人、童謡・民謡作詞家。多くの名作を残し、北原白秋、西條八十とともに、童謡界の三大詩人と謳われた。大正8年、斎藤佐次郎により創刊された『金の船』より童謡を次々と発表。藤井清水や中山晋平や本居長世と組んで多くの名作を残した。他方童謡とともに盛んとなった「新民謡」（創作民謡）にも力を注ぎ、昭和10年には日本民謡協会を再興し、理事長に就任している。同年、仏教音楽協会も設立され、雨情は評議員に推薦される。仏教音楽の研究に加え、新仏教音楽の創作や発表、普及にも力を尽くした。 |

※七路：不詳である。

▼双六の概要　**童謡《どうよう》すごろく**

案:安倍季雄　画:蛭田時彦　大正10年(1921)　発行:時事新報社『少女』新年特別号付録　サイズ(cm):縦55.0×横79.0

郷の唄、米つき虫、磯の千鳥、日照雨、月夜のさゝげ、晴れ行く雨、葦の葉笛と展開し、上りは、着物姿でピアノを弾く少女です。いずれも、大正時代の日本の風土と花鳥風月を抒情豊かに歌い込んだ歌詞が、マスの絵柄と見事にマッチしています。

## 双六の考案者という存在

この双六の考案者である安倍季雄《あべすえお》（明治13年～昭和37年）は、明治41年に時事新報社に入社し、「少年」「少女」の編集主幹を務め、自らも執筆活動を行いました。口演童話（※①）を各地で実演、昭和27年久留島武彦と全国童話人協会を設立、のち2代委員長を務めました。

明治以降の少年少女雑誌の付録となった双六には、安倍季雄のように、編集畑出身で、社会も読者も知り尽くしたマーケッターの存在が不可欠でした。有本芳水、星野水裏、鷹見久太郎らは、優秀な編集者であり、また、アイデアフルな双六の考案者でもあったのです。

表②　**■童謡すごろくの構成（マスの配置は実物と若干異なる）**

| | | | | |
|---|---|---|---|---|
| 水郷の唄<br>(子青) | ひがん花<br>(子青) | 鷺<br>(廣介) | 螢草<br>(龍雄) | ふたつ星<br>(廣介) |
| 昔と今<br>(廣介) | ほのほ木<br>(子青) | 上り | 米つき虫<br>(廣介) | 磯の千鳥<br>(雨情) |
| 日照雨<br>(子青) | 月夜のさゝげ<br>(龍雄) | 晴れ行く雨<br>(七路) | 葦の葉笛<br>(廣介) | ふり出し<br>水雛(子青) |

※①口演童話：昔話や児童文学の作品を子供たちに話して聞かせる方法。日本では、封建時代の村社会における語り爺さ・語り婆さの伝統を継いで、明治後期に巌谷小波、久留島武彦、岸辺福雄が活躍し、戦後は欧米のストーリー・テリングの話法が持ち込まれ、市民層の読書運動の場に広まった。


**●吉田　修**（よしだおさむ）　1954年生まれ。島根県松江市出身。国際浮世絵学会、和文化教育学会会、特定非営利活動法人写楽の会の会員を務めるかたわら、築地双六館館長として双六の蒐集・研究・制作に取り組む。立命館大学ARCとの共同プロジェクトで双六データベース構築に取組む。掲載の二つの双六の写真は築地双六館データベース」の提供によるものである。

公式HP: http://www.sugoroku.net/

# 中医エイジング養生

# 筋肉の強化


潤佳食医 ユウ シャーミン

国際中医師A級

国際中医薬膳師

潤佳中医養生学習塾代表


筋肉は身体を動かすための大切な組織の一つです。立つ、歩く、座るといった活動や呼吸、発声、食事といった活動も筋肉がなければ、行うことができません。しかし、筋肉量は加齢に伴って減少し、80才ごろはピークの7割まで減ってしまいます。人生100年時代の今、いつまでも楽しく、アクティブな生活をおくり、生涯健康であり続けることは人々の願いです。

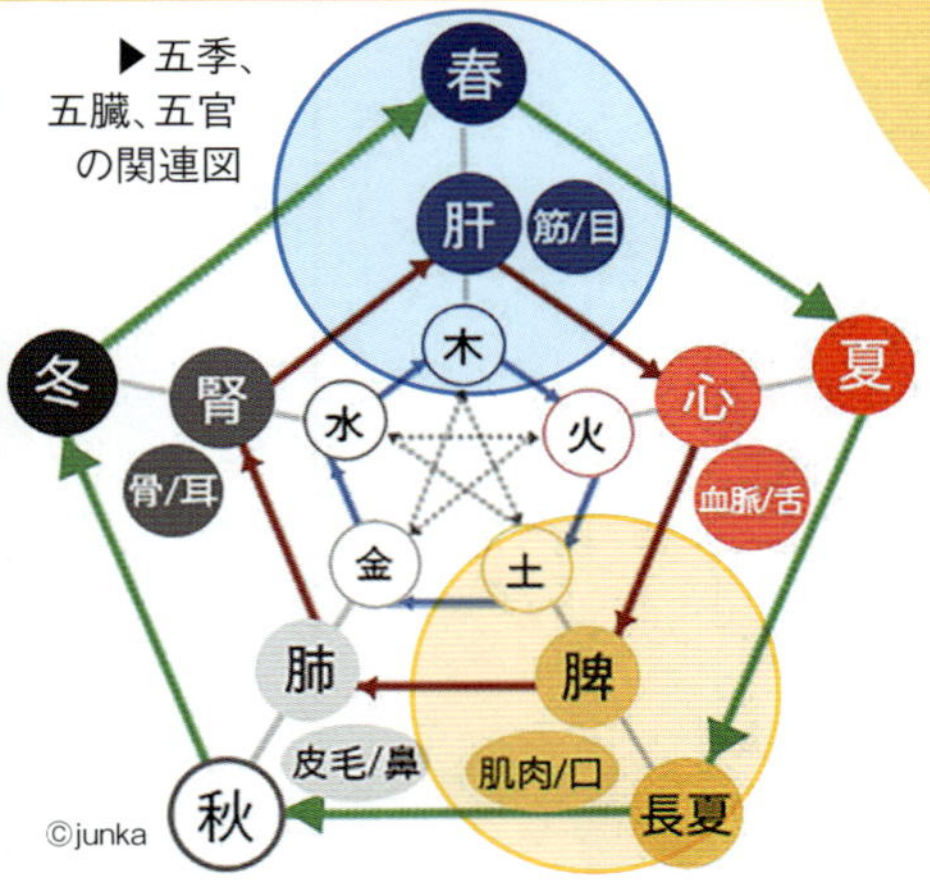


▶五季、五臓、五官の関連図

**◆筋肉の強化は五臓の肝、脾の養生から：**中医学では筋肉には「筋（すじ）と肉（肌肉）」の2つ側面があり、それぞれ五臓の肝と脾に深く関連しています。（五季、五臓、五官の関連図 左上の図参照）

中医学（中国伝統医学）は身体の各臓器の関連性を重視し、根治を目指す医学であり、現代の統合医学でも大きな役割を果たしています。

**❶筋肉の「筋」は肝と深く関連する**

●中医学で〝肝主筋〟と言います。肝は筋を主《つかさど》り、筋の強さと働きは肝からの栄養により養われると考えます。肝の健康は筋の健康に密接な関係を持っています。

また、肝の働きのひとつが「蔵血」であり、体内の血液を貯め、必要な器官へ供給する役割があります。

そのため、筋の動きは肝に貯えている血液（肝血と言う）から栄養を受け取っています。

●肝の不調や加齢など様々な要因が、筋《すじ》（筋肉）の不調や衰えを引き起こします。筋肉のけいれん、足がつる、関節のこわばり、痛みなど様々な筋の不調があります。暴飲暴食、過度な飲酒また過労やストレスなどで肝臓が悪くなりますが無言の臓器とも言われている肝臓は、肝との関連から不調が現れると中医学では考えます。筋の健康維持は日頃から肝の養生を心がけることが大事です。

一覧表を参考に、ぜひ「養肝」と「養血」の食材を取り入れることをおすすめします。

**❷筋肉の「肉（肌肉）」は脾《ひ》と深く関連する**

●中医学で〝脾主肌肉〟と言います。脾は肌肉を主り、肌肉の豊さや働きは脾からの栄養により養われると考えます。脾の健康は肌肉の健康に密接な関係を持っています。また、脾の働きのひとつは「主運化《しゅうんか》」であり、摂取した飲食は身体の気血を作り、その後元気の源になる働きをします。そのため、肌肉の動きも脾が作りだした栄養を受け取っています。

●脾の不調や加齢など様々な要因で、肉（肌肉《きにく》）の不調や衰えを引き起こします。＊肌肉：皮膚と肉の部分。

肌肉がやせ細り、肌肉の萎縮など様々な肌肉の不調が起きます。暴飲暴食、過度なダイエットやストレスなどで悪化します。脾との関連から不調が現れると中医学では考えます。肌肉の健康維持は日頃から脾の養生を心がけることが大事です。一覧表を参考に、ぜひ「健脾」と「養肝」「養血」の食材を取り入れてみてください！

## ●筋肉の強化につながる肝、脾の養生食事（医食同源の薬膳養生食材例一覧表）

| 項目 | 医食同源の養生食材例 | 薬膳食材例 |
|---|---|---|
| 「養肝《ようかん》」 肝を養い、肝の働きの向上や丈夫な筋肉に資する効能 | 菜の花、春菊、蕗、人参、椎茸、あわび、ししゃも、すずき、牛のすじ、鶏の肉、いちご、すもも など | 枸杞の実、桑の実 など |
| 「養血《ようけつ》」 血液を補い、肝血の蓄えを潤沢にし、筋（すじ）への栄養補給に資する効能 | 黒や赤色の食材が多い。黒米、黒豆、黒ごま、ほうれん草、まぐろ、かつお、肉の赤身、鶏卵、ぶどう、プルーン など | 竜眼肉、なつめ など |
| 「健脾《けんぴ》」 脾（消化の中枢）を養い、肉（肌肉）への栄養供給に資する効能 | お米類、きび、あわ、はと麦、空豆、いんげん豆、大豆、枝豆、とうもろこし、ブロッコリー、生姜、浅葱、にんにく、いわし、鯛、すずき、鱧、牛肉、鴨肉、鶏の肉 など | なつめ、蓮の実 など |

## ●おうち養生薬膳レシピ

### 「牛肉のスパイス薬膳煮」

牛肉は「強筋骨」の効能を備えており、生姜や香辛料は脾の働きを向上させることで、筋肉の養生になる美味しい逸品♪

**レシピ**（2～4人分）

**主な材料：**・牛肉ブロック400g、サラダ油 大さじ1、お酒 大さじ3、長ネギ2本、醤油大さじ3、砂糖大さじ1、生姜1房、八角5個、花山椒大さじ1、桂皮少々 / **付け合わせ 菜の花**

**作り方：**①牛肉はタコ糸でグルグル巻きにする。沸騰したお湯に入れて、2分で取り出し、冷水にとり洗う。水気を拭く。②ネギは3㎝くらいに切り、生姜は皮のまま輪切りにする。③厚手の鍋を中火にかけてサラダ油をひき、①の牛肉を入れて、両面に焼き色をつける。④②のネギと生姜を入れ、軽く炒めた後、お酒を加える。⑤八角、花山椒、桂皮を加え5分～10分煮る。⑥砂糖、醤油を入れ、水カップ半分くらい入れ、弱火で60分位煮る。⑦肉を裏返し、さらに10分くらい煮込む。⑧ 火を止めてから1時間位そのままにし、味をしみ込ませて完成。⑨食べる時に牛肉をスライスし、菜の花を茹でてお皿に盛り付ける。（残ったものは冷蔵庫へ、2、3日保存OK）

**★筋肉の若さを保つ秘訣★**

①一覧表の食材を摂るように心がける

②なるべく歩いたり筋トレをする

③笑顔で楽しく仕事や生活をする

# Tea Time

## 人生100年時代は、複数のプロフェッショナルになれる!

◆長くなった人生を活かし、複数のプロとして活躍する人が増えている。銀座シャンソンメイトのメンバーは、多彩なキャリアの人たち! いくつになっても個性を発揮して、新しい人生に挑戦している人たちの元気に触れる機会がある。◆5月10日13：30から東京人形町にある日本橋社会教育会館の8Fホールで開催される銀座シャンソンメイト春のコンサートでは、企業の現役人事課長や、元女性タクシードライバー・薬剤師・元大学院客員教授・映画女優・元コンビニオーナー・元デパートガール・書道家などがプロ歌手として歌う。全員すでに様々なステージで活躍している人たちだ。◆人生に不可能はない。人生はいつも新しいと思わせてくれる人たちのエネルギーに触れてみませんか?

（お問い合わせは 03-3545-8038）

# コトバの広場 Communication Park

●読者のみなさんから（要約をご容赦ください）

●美しい装丁で内容も濃い貴誌。活字文化の衰退が指摘される中にあって、貴誌の存在は貴重なものです。（愛知県在住　加藤修滋）

●いつも貴誌に登場しておられる方々の記事を楽しみにしています。人生の先輩方も試行錯誤されながら進んでこられたと感じ、勇気が出てきます。（茨城県在住　野澤 茜）

●編集後記

●子どもが小さい頃は、時間もパワーも仕事に100%注ぐことができずやきもきしたものですが、還暦を過ぎた今は好きな仕事を好きなペースででき、さらにこれまで全くできなかった新しい趣味に次々挑戦中。もしかして今までで一番充実している時期かも。支えてくれる周囲の方々と健康な体に感謝の日々です。…石井栄子

●兵役が「教育・職業訓練の機会」として機能している。軍隊は、恵まれない環境で育った有為の若者に、飛躍の翼をつけ得る。戦争の是非は問うまでもないことですが、国民の生命財産を守る公共財としての軍については、この国でも、もう少し素直に正の側面が認められて然りでは?と思いました。……………………………………丸山けんおう

●毎日の食事時間が不規則で、食べる量が日によって違っていたことが気になり、1日の食事1回をスムージーにしはじめました。食事時間が短縮でき簡単に栄養素が補給できる!と思っていましたが、おいしく飲みやすいスムージーを作るのは意外とむずかしく、つい飲みやすくするために糖分を多めに入れてしまいます。おいしく体にいいスムージー研究が必要です。……青木由佳

●今号は、どうしても今掲載しなければならない記事が多く、かなり文字量の多い号となりました。創刊12年を超え、多くの方々の信頼と掲載希望をいただくようになり、今号の人生年表は、表3（表紙裏）1Pにまとめさせていただく事になりました。見つけやすいページですから人生計画にご活用いただきたいと思っています。次号は7月15日発売の予定で、発刊50号記念の号になります。女性の正直なオピニオンをこれからも大切にしていきたいと思います。季刊の3か月ごとの入稿は大変なエネルギー投入が必要ですが、これからも心身を大切にして80号（創刊20年）を目指そうと思っております。… 渡邉嘉子

キリトリ線

郵便はがき

●お手数ですが切手をお貼りください。

151-0051

渋谷区千駄ヶ谷3-7-14
ライオンズマンション原宿402
ヒューマン・コミュニケーション研究所
オピニオン・プラス編集部
「読者の声」行

※裏面記載のプライバシーポリシーに同意して以下に記入します。　vol.49

| ふりがな | 定期購読 | ❷年齢世代 |
|---|---|---|
| ❶お名前 | ・希望する（　　）冊<br>・希望しない | 代 |
| ❸所属 | | |
| ❹Eメールアドレス | | |
| ❺ご住所<br>〒 | ❻お電話： | |

**このハガキで定期購読のお申し込みを!**
★このハガキでお申し込みいただくと送料をサービスいたします
★あなたの投稿をお待ちしています

### ★次号予告! 充実した記事がいっぱい!

女性の未来! 応援マガジン 季刊オピニオン・プラス
OPINION+ 夏号 VOL.50
2025年7月15日発行予定

予約・年間購読をお薦め致します。

Amazon・書店注文で入手できます!

◆Global Angle
PHOTO REPORT：渡邉英昭

季刊オピニオンプラス50号記念■特別企画
**DEIへの逆風をものともしない日本経済界の声を取材!**

■フランスからの報告 文：祐天寺りえ

★赤松政経塾講義録
**女性のコミュニケーション力が評価され注目される時代に!**

国会中継で、女性議員のコミュニケーション力に評価が高まってきている。議員に求められる声とことばを考えてみよう!

ボイストレーニングスタジオ代表 宮崎絢子

◆今ヨーロッパで起こっていること 文：奈良伊久子

**■銀座のシャンソン新時代が始まる!**
9月6日有楽町I'MASHOWアイマショウのホールで、クミコさんをゲストに銀座シャンソンメイトコンサート開催

＊タイトル・記事は若干変更の可能性があります。

★前号より、noteでも一部の記事を公開しています。少しずつ公開できる記事を増やしていきますので、冊子が手に入りにくい方、隙間時間にスマホで読みたいという方もこちらからぜひご覧ください。 https://note.com/opinionplus ▶

# BOOK★図書紹介

## 『60歳の迎え方 定年後の仕事と暮らし』

著者：河野純子　発行:KADOKAWA　定価:1,870円

男女雇用機会均等法第一世代でリクルートでは「とらばーゆ」の編集長も務めた河野純子さんが「定年後の仕事と暮らし」をテーマに書き下ろした一冊。男性同様に、働き続けて定年を迎える女性が増えているとはいえ、ロールモデルになりうる女性が少ないため、この本には河野さんだけでなく（男性を含む）33人のモデルが登場します。また最新データから確認する100歳以上人口の女性比率や「健康寿命75歳」の誤解など、既存のデータからは知り得なかったことがわかり、とても興味深く読み進めることができました。私自身が均等法第一世代なので、同世代の女性たちが集まると「いつまでどんな働き方をする?」と情報交換するものの、漠然とした不安も多く、具体的なことを考えない状態で結論を先送りしていました。この本には50代でジタバタした河野さんの経験談があり「50代はまだまだ悩んでいいんだ」ということがわかっただけでも気が楽になりました。また、60歳からの働き方については「小さな仕事でOK」「自分で自分を雇う」「時間を味方につける」など複数のロールモデル例もあるので、自分が共感できるものを真似しても良さそうです。60歳からの暮らし方については、健康や親との向き合い方、パートナーとの関係、すまい、人とのつながりと幸福の関係など様々なテーマにデータや事例などが組み合わされていてこれからの生活を具体的にイメージできる内容でした。ぜひ、40代以上の女性の皆さんには読んで頂きたい一冊です。　（K・F）

## 『根性なしがWEBデザイナーに憧れて』

著者：久保なつ美
発行:幻冬舎メディアコンサルティング　定価:1,760円

留学2年の予定が10日で帰国し、家に引きこもり生活。その後、就職しても仕事が続けられない、できれば働きたくないけど、仕方がないので働いている。そんな著者 久保なつ美さんが好きなことを見つけ、仕事にするまでの一冊です。これから先の将来が見えない学生時代の久保さんが、たくさんのことに悩み、挫折を繰り返し、誰もが一度は抱える悩みとどう向き合えばいいのか、わかりやすい言葉で書かれています。落ち込んでいる暇があったら「なんとかできるのでは」と行動し、逆にできないことに関しては、自分はできない!とスッパリと見切ったりと、がんばっている人にやさしく寄り添ってくれる言葉がたくさんあります。

第2章は、目標や何かに向かっている過程での心を守るために必要な考え方や幸せの見つけ方。人との関わり方や感情について一つ一つ丁寧にまとめられていてとても読みやすく、メンタルバランスを整えることの大切さ、どのように整えるのか具体的なアドバイスもあり、どの職業の方でも参考になることがたくさんあります。久保さんが校長先生をするWEBデザイン学校のYouTubeでは、充実している仕事や日々の生活がキラキラしていると感じますが、今の立場や環境になるまでのその時々の等身大の姿が書かれており、そこからどういう気持ちでどう乗り越えたのか参考になり、人生いつからでも再スタートできる、やってみようと思える本です。　（Y・A）

## 「読者の声」の投稿をお待ちしています!

★このハガキで定期購読をお申し込みください
★このハガキでお申し込みいただくと送料をサービスいたします

▼ハガキ、Eメールアドレス、QRコードを活用してお送りください。
●女性の未来! 応援マガジン「OPINION♀」は、女性の人生を応援し女性の自由な意見を募集しています。
●文字数は400字以上1200字以内
●掲載させていただいた場合には規定のクオカードをお送りいたします。

Eメールアドレス
Eメールの場合は、①氏名 ②世代 ③所属 ④住所 ⑤電話番号を 必ずご記入の上、お送りください。
mail@opinion-plus.info

QRコード
▶こちらのQRコードからもEメール送信できます。

女性の未来! 応援マガジン　季刊オピニオン・プラス
OPINION♀
VOL.49　2025春
発行・編集人：渡邉嘉子
編集協力：合同会社ジィロス／石井栄子／青木由佳／黒坂祐二（クレシェンド）
鈴木友起／佐古不二子／女性たちの情報化研究会
発行所：ヒューマン・コミュニケーション研究所
〒151-0051 東京都渋谷区千駄ヶ谷3-7-14 ライオンズマンション原宿402
TEL：03-3545-8038　HPURL www.opinion-plus.info
発売所：株式会社総合医学社
〒101-0061　東京都千代田区神田三崎町1-1-4
TEL：03-3219-2920

キリトリ線

女性の未来! 応援マガジン　季刊オピニオン・プラス
▼ご意見をおよせください　OPINION♀　以下に○をおつけください▼

**Q1.** 今回のOPINION♀はいかがでしたか。
1. 満足　2. やや満足　3. どちらでもない　4. やや不満　5. 不満

**Q2.** 定期購読（年4回発行3,600円 税・送料サービス）を希望されますか。
1. 希望する（冊数：　　）　2. 希望しない

**Q3.** 本誌の中で興味を持った記事はどれですか。
（　　　　　　　　　　　　　　　　）

▼あなたの投稿文にタイトルをつけてご自由にお書きください。
（掲載させていただいた場合には規定のクオカードをお送りいたします。）

タイトル：
文　：

●お預かりした個人情報（氏名・住所・電話番号等）は、「OPINION♀」に原稿掲載させていただいた方への連絡および今後のよりよい記事作成のために利用させていただきます。原則として、ご本人の承諾なしに、上記目的以外に個人情報を利用または第三者に提供することはいたしません。　●ご記入、ご協力ありがとうございました。